アファンの森の
雪丸、茶々丸。

光るサラダ

サラダ上手になるための
26のヒント

有元葉子

文化出版局

野菜に塩をふれば
それがもう、サラダなのです

昔々の話です。学生のときに東京・六本木の、当時はまだ珍しかったイタリア料理店で出てきたサラダにびっくりしました。トマトやきゅうりはわかるけれど、生のピーマンとサラミも入っていて、にんにくドレッシングであえてある……。

私の生まれ育った家は純和風で、母は料理上手でしたが、洋食が食卓に上ることはありませんでした。だから私にとって、イタリア料理店のサラダはとても不思議で、面白くて、衝撃的な料理だったのです。

このサラダもそうですが、ほかの洋風のサラダを口にしたときにも思いました。「あ、これはあえものだわ」って。和食ならば、焼き魚にほうれん草のごまあえなどを添えます。それと同じなんだな、と。

つまり、サラダは、

〝野菜をおいしく食べる料理〟

であると同時に、

〝一緒に食べることで、肉や魚などの料理をおいしくしてくれるもの〟。

味わいだけでなく、栄養や見た目の点でも、献立のバランスをとってくれるのがサラダやおひたしです。

だから、とても重要です。なくてはならないものです。サラダは決して脇役ではありません。献立のバランスをとる役目をしながらも、サラダ自体が光っていてほしい。

まずは「きれい」と目を喜ばせて、口に入れると「あ、おいしい」「みずみずしい」「さっぱりする」と体が喜ぶ。そんなことができる料理はサラダだけです。

ときどき、朝ごはんがこんなサラダになります。丸ごとの野菜をカットして、塩とオイル、レモンを搾っていただきます。新鮮で安全な野菜は、トマトはもちろん、にんじんもかぶも皮つきのまま食べます。朝が苦手な私ですが、生の野菜をぽりぽりかんでいるうちに頭も体も目覚める感じです。

こういう話をすると、なんだか大層なサラダが出てきそうです。ところが私の朝食のサラダは、丸ごとの野菜をぽんと木のお皿にのせただけ。無農薬有機栽培の野菜の宅配便が届くと、これが登場します。

お皿の上で、新鮮な野菜をナイフとフォークで食べやすくカットして、オリーブオイルとちょっと塩をふって。これもまたサラダ。とてもおいしいです。

実は、この超シンプルサラダは私が考案したのではなく、ロンドンのおしゃれなレバノン料理店で出会いました。

注文する前から、それぞれの大きなテーブルに色とりどりの野菜が丸ごと運ばれてきます。

ピーマンのおいしい夏には、イタリア料理店風のなつかしいサラダを作ることも。家では、ピーマンの種のまわりの白いところも薄切りにして入れます。あとは食べやすくちぎったレタスとサラミ。ビネガー、塩、こしょう、つぶしたにんにくを混ぜたドレッシングで野菜をあえて、イタリアンパセリを散らせばでき上がり。

食べるものとして当たり前……というふうに。野菜ってきれいでしょう、だからまるで宝石のような輝きで盛られています。お客は自分の食べたい野菜をお皿にとって、塩をふって食べるのです。こんなサラダもいいわね、と思って、家でもまねしているわけです。

また、イタリア中部の野菜料理ピンツィモーニオは、カルチョーフィ（生のアーティチョーク）とほかの丸ごと野菜の一皿。小皿にとって、オリーブオイルと塩で食べるサラダです。これもレバノン風サラダとともに、私のサラダの概念をまったく変えた衝撃的なものでした。

サラダって、どうしてサラダと言うのかな、と、この本を作っているときに思って、ふと、気がついたことがあります。イタリア語でサラダはInsalata。イタリア語、スペイン語、フランス語などはラテン語をルーツとしますが、どの国でもSaleやSalは〝塩〟を意味します。そしてイタリア語でSalatoは〝塩をされた〟というような意味。それで、サラダのそもそもは〝野菜にちょっと塩味をつける〟ということなのかな、と思いました。基本はそれなのかもしれませんね。

〝ちょっと塩をする〟ことで野菜がサラダになる。こう考えると面白いです。塩をふることからスタートして、そこにレモンを搾ったりオイルをかけたり、あるいはごまをまぶしたり……。サラダのレシピは無尽蔵に生まれそうです。

そう、サラダはとても自由なのです。サラダ作りに難しい技術はいりません。ただし、ちょっとしたぐあいで、水っぽくなったり、味が濃すぎたりすることはある。自由とはいえ、材料の組み合わせも〝合う・合わない〟があります。

この本では、私が好きなサラダ、よく作っているサラダをご紹介します。大事なのは調味料の割合よりも、「どんなおいしさを目指すか」です。季節を味わうのか、目を喜ばせるのか、どんな料理に組み合わせるのか……。私なりに、サラダ作りのルールみたいなものがあるようです。皆さんのヒントになれば幸いです。

毎日の、サラダが食卓で光りますように。

有元葉子

目次

本書の読みかた

・春夏秋冬の季節ごとに、その時期においしいサラダを写真で紹介しています。それらのレシピは「サラダ上手になるための26のヒント」の中に書いてあります。

・料理写真とレシピの掲載ページについては、111ページの索引をご覧ください。

・計量カップは1カップ＝200mℓ、計量スプーンの大さじ1＝15mℓ、小さじ1＝5mℓ。ただし本書に記載の分量はあくまでも目安です。

サラダ上手になるための26のヒント

「生野菜のシンプルなサラダがうまく作れない」という声をよく聞きます。「野菜がぺしゃん、としてしまう」「ドレッシングがお皿にたくさん残る」と。簡単なようでいて、野菜の扱い方や調味料のまぶし方にも大事なルールがあるのです。おいしく、美しく、楽しいサラダ作りのための26のヒントをご紹介します。

1 まずは野菜がピンピンしていること。〝養生〟がものすごく大事です

野菜がピンピン、生き生きしていること、これはサラダ作りの大前提です。ピンピンしている——というのは、元気に生きている状態です。肉や魚と違って、野菜は私たちが食べるまで生きているのです。だから、買ってきた野菜を、ぎゅっと包まれたまま冷蔵庫に入れっぱなし——ということは避けたいものです。

野菜を買ってきたら、私は大きなボウルに冷水を張って、その中につけておきます。水を吸いやすいように、茎の切り口に切り込みを入れて。水道の水がぬるい夏場なら氷水につけます。こうしておくと、多少しなびていたような野菜も、必ず元気に生き返ってくれます。

洗って表面を水にぬらしただけではだめなのです。野菜が茎から冷水を吸い上げると、細胞の隅々まで水分が行き渡るのでしょう。葉の先から茎まで、全体が生き生きとしてきます。土に生えていたときのような、生命力を取り戻す感じです。

こうして野菜を生き返らせる下ごしらえのことを、うちでは〝養生〟と呼んでいます。養生した野菜は、みずみずしさはもちろん、味わいや香りまでよくなるのが不思議です。「野菜は生きている」証拠ですね。

レタス、サラダ菜、キャベツ、ルッコラ、白菜、春菊などの葉野菜全般は、冷水で養生します。絹さや、いんげんなども冷水につけるとしゃきっとします。ブロッコリーやカリフラワー

は、茎の部分を冷水につけて水を吸わせるようにします。「どのくらいの時間、水につけておいたらいいですか」という質問をよく受けます。これは野菜の状態によります。

太陽を浴びて土の力で生きていた野菜は、買ってきたときはへなへなでも、冷水に5〜6分つけただけで見違えるほど元気になったりします。一方、ビニールハウス栽培や水耕栽培の野菜は、葉が薄く、茎が細くて、そもそもエネルギーが弱いようです。こういう野菜は養生しても、いまひとつピンとしてくれません。どんな野菜を選ぶかも、おいしいサラダ作りのポイントです。


養生した野菜をすぐに食べない場合は、水気をきって冷蔵庫に入れておきます。このとき私は、ざるを重ねた大きなステンレスのボウル（109ページ参照）に野菜を入れて、ステンレスのプレートでふたをします。

この状態で冷蔵庫に入れておくと、ステンレスはよく冷えるので、野菜をずっとピンピンの状態に保つことができます。1週間ぐらい平気だったり、中で大きく育っていたりするので驚きます。サラダを作るときにかぎらず、野菜を買ってきたら養生し、ステンレスの道具で冷蔵庫にスタンバイさせておきます。養生した野菜は、ゆでても炒めてもおいしさが違うのです。

食べる直前に作るのが鉄則のサラダには、冷蔵庫のスタンバイ野菜が好都合。ほかの料理を仕上げた最後に、冷蔵庫から野菜を取り出し、食べやすくちぎってドレッシングであえれば、あっという間にサラダのでき上がり。野菜を養生して元気にしておけば、いつでもサラダがさっと作れるわけです。

私はいつも大きなボウルに大きなざるを重ねて、この中に野菜を入れて冷水を張り、食べる直前まで野菜を浸しておきます。どうせ水気をきるのだから、最初からざるに入れておくのが便利。

2 葉っぱのサラダを上手に作るには まず養生&ドレッシングの塩梅

まず作りたいのは、葉っぱだけのサラダでしょう。ハンバーグのとき、パスタのとき、魚をソテーしたとき、洋風のご飯もののときなどに「口をさっぱりさせる、ちょっとだけ酸味の効いたサラダが欲しいな」と思うのは、自然の摂理のような気がします。

欲しいときにさっと作って食卓に出せる、シンプルな葉っぱのグリーンサラダ。これがおいしく作れたら、食事がぐんと豊かになります。

葉っぱは、レタスでもサラダ菜でもルッコラでもからし菜でも、一種類でも数種類を取り混ぜても、お好きにどうぞ。

調味料はエクストラバージンオリーブオイル、ビネガー（ワインビネガー、レモン、米酢など）、塩、こしょう。

グリーンサラダを作るとき、私は調味料をはかりません。目分量です。ボウルの中の葉っぱを見て「このあたりに、これぐらいのオイルがかかっているといいな」と思う分量を、目ではかりながら入れます。ビネガーも、こしょうも、塩も目分量です。

野菜に必要なだけの調味料をふり、全体をあえて、味をまとわせる。Dressing する。これがグリーンサラダの作り方です。

作るタイミングは大事。サラダは
いちばん最後に作るのです

ポルケッタ
〈作り方は110ページ〉

グリーンサラダ
〈作り方は12ページ〉

グリーンサラダ〈写真は11ページ〉

1 まずは養生。野菜を冷水につけてピンとさせておく。

2 サラダスピナー（109ページ参照）に野菜を少量ずつ入れて、水気をきる。たくさんの野菜でも、少量ずつサラダスピナーに入れて攪拌したほうが、結果としてスピーディ。

野菜に余分な水気がついていると、ドレッシングがからみにくいので、必ず水気を取る。

3 野菜を食べやすくちぎって大ボウルに入れ、乾かないようにステンレスプレート（または絞ったきれいなふきん）をかぶせて冷蔵庫でキープ。野菜の全面にドレッシングをまとわせ、ふんわりと混ぜたいので、少量のサラダを作るときも大きめのボウルを使用する。

ここまでを食事の前に準備し、冷蔵庫に入れておく。

4 最初にオリーブオイルを目分量で回しかける。後から足せるので、最初は控えめがよい。オイルをかけたら一度あえる。ボウルの底に両手（あるいはサラダハンド→109ページ参照）を底から入れて、野菜をふわっと返す感覚で。

5 次にビネガーを目分量で加える。後から足せるので、これも控えめに。こしょうをひく。

6 あえる。ボウルの底に両手を入れて、ふわっと返すようにする。このとき決して混ぜすぎないこと。野菜をつぶさないようにすることが大事。

7 最後に塩をふる。塩をすると野菜から水気が出るので、塩は最後に加える。全体に味をつけるには粒子の細かい塩がよい。1か所に落ちないように、高い位置からちりちりと指をこすり合わせるようにして、野菜の上に少量の塩を散らす。塩粒の味を楽しみたいときは、フルール・ド・セルなどの粒の粗い塩を使ってもよい。

塩も控えめ。食卓に塩を用意して、足りない人は各人で食卓でふりかけて食べてもらうぐらいの気持ちで（このときは粒子の粗い塩がおすすめ。詳しくは108ページ）。

8 **食べてみる**。足りなければオイルやビネガーを加える。ボウルの底に両手を入れて、ふわっと返すようにしてあえる。

まずはオイルを少しずつかけます。

ボウルの底からさっくりあえて、野菜をオイルで軽くコーティングします。

次にビネガーを目分量で加えます。こしょうをひきます。香りのよい粒こしょうをひくのがおすすめ。

野菜の養生がきちんとできているのにもかかわらず「グリーンサラダが上手に作れない」としたら、それはきっとドレッシングの量と混ぜ方。3回ぐらい、ふわっふわっと返す程度です。また、オイル、ビネガー、塩が多すぎるとおいしくありません。ちょうど適量がおいしい。

調味料であえたときに、ボウルの底にドレッシングが残っていないのが理想です。それが、適量の調味料を野菜全体がまとってくれた証拠。おいしいサラダができた証拠です。

もう一つ、とても大事なことがあります。サラダを作るタイミングです。**サラダはいちばん最後に作ります**。ほかの料理をテーブルに並べてしまい、「サラダはちょっと待ってね」と言って、それから調味料であえて出す。そのぐらいの気持ちで作るのがいい。そうすれば、塩気で葉っぱがしんなりしてしまうこともありません。

ボウルの底からさっくりあえます。この状態で、ボウルの底に調味料が残っていないことが肝心。これが適量である証拠。

最後に塩です。高いところから指をこすり合わせるようにして塩を落とします。1か所ではなく、手を移動させてまんべんなく。

3 〝うちのドレッシングの割合〟を持ちましょう

サラダというと、レタスなどの葉っぱに、市販のドレッシングをふりかけて食べるイメージを持っている人が多いかもしれません。「野菜もとらなきゃ」と思って、ドレッシングの強い味で、あまり味のしない野菜をなんとか食べている――といった感覚ではないでしょうか。

前書きにも書きましたが、おいしい野菜をおいしく食べるには、塩をふるだけでいいのです。そこに、少しコクが欲しいと思えばオイルを加える。酸味が欲しければビネガーを加える。香りや味のアクセントが欲しければこしょうを加える。シンプルなことです。基本的な調味料があればそれでよく、でき合いのドレッシングは不要です。

葉っぱだけのグリーンサラダを作るとき、私はオイルや酢を直接野菜にふりかけて、野菜をあえて、ドレッシングにします。グリーンサラダはサラダの中でも特に、ほかの料理とのバランスをとる役目。「今日はサラダに塩気をきかせたくない」とか、「ちょっと酸っぱめがいい」とか、そのときどきで味を変えたいので、調味料を加減しながら野菜にまとわせたいわけです。

一方、あらかじめ調味料を混ぜてドレッシングを作ることもします。ごまドレッシングやアンチョビドレッシング、ハーブ入りのドレッシングなど、基本の調味料＋αの場合は、混ぜ合わせてドレッシングを作ります。

混ぜ合わせて作るドレッシングを紹介するとき、この本では基本的に割合や分量を明記していますo ですが、そのまま作っていただきたいというよりも、分量や割合を参考にして、ご自分の好きな味を決めてほしいのです。

一口にビネガーといっても、白ワインビネガーもあれば、アップルビネガー、米酢やりんご酢もある。酸味も味わいもとても違います。お好きなビネガーでかまいません。そのビネガーがどんな味かを知って、ご自分で好きなドレッシングの味の割合を知っていただきたいです。

たとえば基本のドレッシングは、

・白ワインビネガー　1
・オリーブオイル　3
・塩、こしょう　各少々

の割合です。これを作って、味をみて、「うわぁ、酸っぱい」と思ったら、ビネガー1、オリーブオイル4の割合で作ってみる。その逆もあり、です。ちなみに、ワインビネガーよりも酸味のマイルドな千鳥酢（米酢）なら、我が家では酢1、油1の割合です。

いつも使っているビネガー（や米酢など）と、オイル（オリーブオイルや太白ごま油のようなくせのない油）をボウルに大さじ1ずつ入れて、塩、こしょうを少しだけ加えて混ぜ、味見をしてみましょう。「もうちょっと酸っぱいほうがいいな」と感じたら、ビネガーを大さじ1/2ぐらい足してみる。そしてまた味見をする。

こんなふうにして、ご自分や家族の好きなドレッシングの味を見つけてください。

〝うちのドレッシングの割合〟を持てば、塩をしょうゆに変えるだけで、おいしい和のドレッシングが簡単にできる。塩をアンチョビに変えれば、ちょっとイタリア風のドレッシングになります。〝うちのドレッシングの割合〟に、にんにくのすりおろしを混ぜてコクを出してもいいし、はちみつやメープルシロップを少し加えて甘みのあるドレッシングにしてもいいのです。

さらに〝うちのドレッシングの割合〟にきざんだハーブを混ぜたり、ごまを混ぜたりして、いつもと違う風味を楽しむこともできます。オイル、ビネガー、塩、こしょうといったベーシックな調味料があれば、市販品に頼らなくても、自分や家族の口に合うドレッシングがいろいろ作れるのです。

春から初夏にかけてのサラダ

「春は名のみ」のまだ肌寒い時期から、薄緑色の野菜が芽吹いてきます。日当たりのよい南方の山では、みずみずしい柑橘が実っています。春もたけなわになれば、キャベツ、玉ねぎ、ごぼうなど「新」のつく野菜の出盛りです。マメ科の野菜も出そろって、わかめもあさりもおいしい季節！　フレッシュなものがたくさんで、どうしたってサラダを作りたくなるのです。

春先にある野菜を盛り合わせただけで、すてきなサラダに

季節のはざまのサラダ
〈作り方は33ページ〉

カリフラワーなど冬の野菜、うどやこごみなど春先の山菜、出はじめのそら豆も、みんな一緒に盛り合わせて。

豆豆グリーンサラダ
〈作り方は40ページ〉

マメ科の野菜ばかり。緑一色というのもきれいです

アボカドも春が旬。季節が同じものどうしは合うのです

新キャベツと
アボカドのサラダ
〈作り方は35ページ〉

新のつく野菜はやわらか。サラダにうってつけです

新ごぼうのサラダ
にらドレッシング
〈作り方は35ページ〉

サラダはお肉の二〜三倍必要。このバランスでお肉もおいしく食べられる

クレソンのサラダ
〈作り方は39ページ〉
鶏のロースト
〈作り方は110ページ〉

この三種の組み合わせがおいしい！

新わかめ、新玉ねぎ、フルーツトマトのサラダ

〈作り方は37ページ〉

柑橘+赤唐辛子のサラダ、おすすめです

オレンジと
新玉ねぎのサラダ
〈作り方は41ページ〉

鶏つくねの大葉巻き
〈作り方は110ページ〉

香りのよい葉っぱを生で、ごま塩で食べるのが好きです

春菊のごま塩サラダ
〈作り方は38ページ〉

レモン＝ビネガー。レモンの季節にはレモンを使います。
サラダばかりを並べたサラダパーティはいかが？
別名、白ワインを飲む会

豆とあさりのサラダ
〈作り方は43ページ〉

トレビスのパスタサラダ
〈作り方は68ページ〉

いんげんのサラダ
〈作り方は40ページ〉

かきのソテー

キウイと
グレープフルーツのサラダ

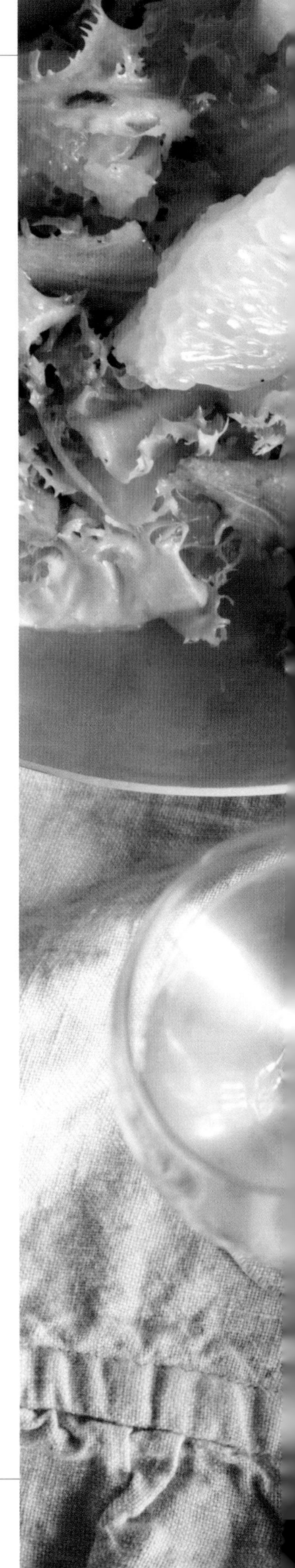

かきが旬のうちに食べるサラダ

かきが旬のうちに、ぜひ召し上がっていただきたいサラダがあります。キウイとグレープフルーツのサラダです。甘酸っぱくてみずみずしい果物のサラダを、かきのソテーと一緒に食べる。これがたまらなくおいしいのです。私の大好きな、季節には必ず作る組み合わせ。おもてなしのときの、すてきな前菜です。

かきが熱いほうがおいしいので、最初にかきの下ごしらえをしておき、焼く寸前にサラダを仕上げる手順で。

キウイとグレープフルーツのサラダ

1 キウイの皮をむいて半月の薄切りにする。グレープフルーツは皮と薄皮をむき、実を一つずつ取り出す。

2 大ボウルにエンダイブを食べやすくちぎって入れ、〈**1**〉のフルーツを加える。ドレッシングのもと（作り方は34ページ）を適量加えてあえる。器に盛って食卓に出す。

かきのソテー

1 かきを目ざるに入れ、粗塩をふって流水の下でふり洗いをし、汚れを落とす。塩を加えた熱湯で8秒ほど湯通しする。水気をペーパータオルで拭き取り、こしょうをふる。

2 別のバットに小麦粉をうっすらと敷き、かきを並べる。上からも小麦粉を結構しっかりめにまぶし、余分な粉をはたいて落とす。

3 フライパンを熱してオリーブオイルをひき、かきの両面をこんがりと焼く。あつあつをサラダと一緒にいただく。

〈コラム〉春の愉しみ

4 サラダ作りは〝目ばかり、手ばかり、舌ばかり〟で

サラダに限らずおいしい料理に必要なのは、〝目ばかり、手ばかり、舌ばかり〟です。

サラダを作るときも、私は調味料をはかったことがありません。いつも目分量です。**目分量でないとサラダはおいしく作れない**と言ってもいいぐらい。

なぜなら、そのときどきで野菜の大きさや量は違うからです。レタス1個に対してオイルが大さじ1……と決めても、レタス1個の大きさがそのときどきで違うのですから、計量スプーンではかることには、あまり意味がないわけです。

だからといって、適当ではないです。**目分量＝適当、ではないのです。目分量とは、目ではかること。**

ボウルの中の野菜を見て、「このあたりの野菜に、これぐらいのオイルがかかっているといいな」と思う分量を、目ではかりながら入れるのです。一度に全体に回しかけるのではなく、野菜をちゃんと見ながら、その場所、その場所に調味料を加えていく感覚です。

オイルだけでなく、ビネガーも、こしょうも、塩も目分量です。自家製のマヨネーズやごまドレッシングであえるときも、ボウルの中のじゃがいもの「このあたりに、このぐらいのマヨネーズで味がつくといいかな」と目ではかりながら手ではかりながら加えます。

そして、作る途中で食べてみる。これは言うなれば〝舌ばかり〟でしょうか。ご自分の舌で、ちょうどいい味をはかるのです。これがとても大事。

初めは難しく感じるかもしれません。でも、すぐに感覚がつかめるようになります。私たちにはそういう力が備わっています。

自分の指で塩をつまむ〝ひとつまみ〟が、どのぐらいの塩分なのかは、それをやってみて、食べてみれば(味見をする)、おのずとわかってきます。目や舌と同様に、手や指の感触もまた、優秀な〝はかり〟です。

レシピの〝小さじ1〟の数字にとらわれずに、自分の感覚で料理するようになれば、それまで眠っていたかもしれない五感もたちまち敏感になってくれます。レシピに頼らなくても、おいしいものが作れるようになります。

サラダはことさら自由な料理です。五感を働かせて作りましょう。

この本には、材料や調味料の分量を明記してあるところもあります。それもあくまでも割合の目安として書いていいます。どうぞ、ご自分の〝目ばかり、手ばかり、舌ばかり〟を信じて作ってください。きっとおいしくできます。

5 季節が同じものどうしは合うのです

まだ肌寒い春のはじまりのある日。いろいろな野菜を一緒に盛り合わせてサラダにして食べたいと思いました。どうしてそんなことを思ったかといえば……。

冬においしいカリフラワーやかぶも、まだ店先に並んでいる。うどやこごみ、春のしるしの山菜は今が出盛り。さらに春の象徴であるスナップえんどう、砂糖ざや、そら豆などマメ科の野菜も出はじめている。

冬から春への季節の境目には、いろいろな野菜が出回るのです。ゆでたり、蒸したり、生だったり、それぞれにおいしく下ごしらえして一皿に盛り合わせると、すごくきれいで、楽しいはず。

過ぎゆく季節の〝名残〟と、新しい季節の〝走り〟をいとおしむ感性が古くからこの国にはあります。和食の世界では〝名残〟と〝走り〟を一緒に料理に盛り込むこともします。それをサラダでやってみようと、私のどこかが無意識に考えたのかもしれません。

それに、**季節が同じものどうしは合う**のです。

ぶり大根という料理があるのは、煮ておいしい大根は冬が旬で、ぶりに脂がのるのも冬だから。季節が同じだからです。たけのこに木の芽がつきものなのも、トマトにバジルがよく合うのも、季節が同じものどうしだからなのです。

このルールは意外にいろいろな素材に当てはまる。覚えておくと、サラダ作りのヒントにもなります。

冬と初夏のはざまを〝春〟と見れば、春は短いようで長く楽しい季節。ほろ苦い野菜、ほっこりとした野菜、かりっとした野菜……その時期にあるいろいろな野菜を盛り合わせた〝季節のはざまのサラダ〟は、まさに春を味わう一皿です。

季節のはざまのサラダ 〈写真は18ページ〉

1 野菜は手に入るものでよい。大きなボウルに冷水を用意して、野菜を順番に洗いながら下処理をする。

スナップえんどうは筋を取る。菜の花は茎元を少し切り落とし、長さを二つに切る。こごみは根元を少し切る。かぶは茎と実に分ける。実は皮がきれいなら皮つきのまま、食べやすく切る。

カリフラワー、チコリ、ラディッシュも冷水で洗う。

2 大きな鍋に湯を沸かし、塩少々を入れて野菜を順番にゆでる。スナップえんどう、菜の花（茎を先、花を後の時間差でゆでる）、こごみ、かぶの茎をそれぞれ色よくさっとゆで、角ざるに上げて窓のそばなどに置き、風を当てて冷ます。ゆでずに蒸してもよい。

そら豆は皮と薄皮をむいてからさっとゆでる。乾燥を防ぐためにオイルをまぶしておく。

3 カリフラワーは小さめに切って生食するか、歯ごたえよく蒸して冷まし、小房に分ける。

かぶの実は食べやすく切り、チコリは1枚ずつにほぐし、ラディッシュは丸のままで生で使う。

4 うどは皮をむき、2～3㎜厚さの拍子木切りにする。片栗粉少々を水で溶いてうどを浸してあくを抜く。よく水洗いをして水気をきる。

5 野菜を大皿に盛り合わせる。一種類ずつ並べても、全体を混ぜてもきれい。好みの野菜を各人が小皿にとり、ドレッシングをかけていただく。

ドレッシングのもと〈写真は18ページ〉

ビネガー（白ワインビネガーなど）1、オリーブオイル3の割合。にんにくのすりおろし少々、塩、こしょう各適量をガラス瓶に入れ、ふたを閉めて上下に振る。好みで塩の代わりにアンチョビを加えてもよい。

時間のあるときに、この〝ドレッシングのもと〟を作っておきます。3日ぐらいおいしく食べられるので、朝食などに便利です。

6 新キャベツ、新ごぼう、新玉ねぎ……「新」のつく野菜はサラダ向き

春は特別な季節です。

寒くて、生きるものが眠ったようになる冬の地面や海の中から、春になると毎年必ず新しい生命が生まれてくる。その希望のようなもの、明るさ、たくましさ、力強さにいつも感動させられます。きちんと季節がめぐることが、どんなに幸せなことか、子々孫々までずっと、居心地のよい地球が続いてほしいと願うばかりです。

春には芽吹きの証拠である「新」がつく野菜もたくさん出てきます。新キャベツ、新玉ねぎ、新にんじん、新ごぼう……。「新」がつく野菜はおおむね、みずみずしくてやわらかく、

苦みやアクが弱い。あまり火を通さなくてよいので、**「新」のつく野菜はサラダにするのにうってつけです。**

新キャベツにはアボカド。軽くつぶしてマヨネーズみたいにしたアボカドで、やわらかい新キャベツをあえて食べるのが私は好きです。

ご存じでしたか、アボカドも春が旬。ほかの季節に買うと、中が黒ずんでいたりしますが、春のアボカドは色もきれいなグリーンで、ねっとりと充実しておいしいです。新キャベツとアボカドなんて不思議な組み合わせだと思うかもしれませんが、「季節が同じものどうしは合う」のです。緑のグラデーションもきれいです。

新キャベツとアボカドのサラダ

〈写真は20ページ〉

1 アボカドは種を取りのぞき、皮をむいて食べやすく切り、ボウルに入れてレモンをたっぷり搾りかける。出る汁の量にもよるが、アボカド2個に対してレモン1個分ぐらい。

2 塩、こしょうをし、オリーブオイルを少し加えて、アボカドが崩れるように少し乱暴にあえる。足りなければオリーブオイルを少し足してあえ、とろんとした感じになればOK。

3 手で食べやすくちぎったキャベツを加えてあえる。

新ごぼうをサラダにするときは、うちでは生にらを使ったにらドレッシングがつきもの。この組み合わせがなぜかおいしくて、うちでは昔からずっと作り続けています。おしょうゆが入るので、ご飯にも合うサラダです。

ごぼうはゆですぎるとおいしくないです。しゃきしゃきがいいので、ゆで方にコツがあります。

新ごぼうのサラダ　にらドレッシング

〈写真は21ページ〉

1 新ごぼうはたわしで洗い、皮つきのまま斜めせん切りにして、酢水に5分さらす。酢を入れた湯で、ひとつかみずつさっと（10秒ぐらい）ゆで、網に上げて熱を取る。

2 にら1/2束ぐらいを小口に切り、切っただけでは細かくならないので、まな板の上でたたく。これを大ボウルに入れて、にんにくのすりおろし1/2かけ分、ごま油大さじ1～2、しょうゆ大さじ1、酢大さじ1 1/2、好みで豆板醤小さじ1を加えて混ぜる。

3 〈2〉のにらドレッシングで、ゆでたごぼうをあえる。

7 山菜は山の植物、海藻は海の植物。サラダの材料に国境なし

春先に出回る野菜を、色とりどりに盛り合わせた〝季節のはざまのサラダ〟（18ページ）を前菜にお出ししたら、「山菜もすてきなサラダになるのね！」と言われたことがあります。畑で栽培されたものだけでなく、私にとっては山の地面から生えた**山菜も山の野菜**という感覚です。ゆでてドレッシングをかけて食べてもおいしいのです。山菜はてんぷら……という先入観から自由になることも、すてきなサラダを作るヒントです。

同じように、私にとっては**わかめも野菜の一つ。海藻は海の植物という感覚です**。みそ汁の実にするだけではもったいない。サラダでたっぷり食べましょう。新鮮なわかめは、とてもおいしいものです。

山野に植物が芽吹く頃、海の中にも春が訪れています。新わかめの季節の到来です。香りよく、しゃきっとした歯ごたえが魅力です。

わかめは産地で選ぶようにしています。ちなみに私が愛用しているのは瀬戸内海の鳴門産。渦潮の海の中で育ったわかめは身が締まり、こりこりとした食感です。ネットや物産展などで見つけたらお試しあれ。

干しわかめを私は使いますが、塩蔵でも結構です。干しわかめは使う前に、たっぷりの水に10分ほどつけてやわらかくもどします。乾燥10グラムが、もどすと１４０グラムほどになるので量に気をつけて。塩蔵わかめは塩を洗い流し、水に4〜5分浸してから使います。

海の中で自然に育つわかめは、形がそろっていないので、切りそろえるのが少し手間です。でも、そんな仕事も楽しいのです。楽しんでていねいにやれば、料理のできばえが違ってきます。

では切り方です。もどしたわかめの茎の部分を持って、半分、そのまた半分……と折りたたんでいきます。6〜7センチ幅まで折りたたんだら、ひらひらとした部分を包丁で切り離します。

次に、つながった部分を広げて、切り落としたひらひらの上に重ねます。これを端から一定の幅（3〜4センチ長さ）にざく切りにします。

茎がかたすぎるときは切り落としますが、あまり気にならなければ、私は一緒に切って食べてしまいます。

新わかめ、新玉ねぎ、フルーツトマト。この三つを、酢じょうゆドレッシングで食べるサラダは最高においしいです。

これもまた〝季節が同じものどうしは合う〟の法則です。我が家の春の定番で、うちで食べると皆さん気に入って、ご自分でも作ってくださるようです。ご飯のおかずにもなれば、おもてなしの一品にもなります。

新わかめ、新玉ねぎ、フルーツトマトのサラダ〈写真は24ページ〉

1 もどしたわかめをざるにとり、熱湯を回しかけてすぐに氷水にとり、すぐにざるに上げる。ひらひらしたところを折りたたみ、つながらないように切りそろえる。ざるに上げて水気をきる。

2 新玉ねぎは皮をむいて縦半分に切り、水に10分ほどつけて、辛みを適度に抜く。細かく切ってから水につけると、玉ねぎからぬめりが出てしまうので、ぜひこの方法で。水気を拭いて細切りにする。

3 トマトは食べやすく切る。

4 深さのある器（があえやすい）に、トマト、玉ねぎ、わかめを盛りつける。米酢、しょうゆ、オリーブオイル（またはごま油）をほぼ同量混ぜた、酢じょうゆドレッシングを添える。

わかめの緑、玉ねぎの白、トマトの赤。まずは目で味わって。卓上でドレッシングを回しかけ、よく混ぜて食べます。

このサラダはよく混ぜたほうがおいしいです。わかめのしゃきっとした歯ごたえ、新玉ねぎのほろ苦さと甘さとさくっとした食感、トマトの甘酸っぱさ……これが口の中で混ざり合うおいしさは、もう格別。ご飯によく合います。

8 ご飯に合うのはしょうゆ味ばかりではない。ごま塩を覚えておくとすごく便利

和食はしょうゆ味のおかずばかりになりがちです。その上、サラダもしょうゆを使ったドレッシングだと、味のバランスがとれません。

そういうときに便利なのが、ごま塩です。ごま塩は、軽くあたったいりごまと塩を混ぜるだけ。水菜をあえてもいいし、ゆでたアスパラガス、にんじん、いんげん、ごぼうをごま塩であえてもおいしい。和のサラダが欲しいときの救世主です。

ごまは、おいしいごまを使ってください。お好みで黒ごまでも結構です。いりごまを買ったとしても、使う前にもう一度からいりするのが、香り高くおいしく作るコツです。

フライパンにいりごまを入れて弱火にかけ、フライパンをゆすりながら、ごまに火を入れます。わりとすぐに色づいてきます。指先でひねったときに、簡単に崩れて、よい香りがすればOK。

生の野菜をごま塩で食べるときは、食べる直前にごま塩を野菜にまぶします。でないと、塩気で野菜から水が出てしまうからです。

ごま塩で食べるサラダでいちばんおすすめの野菜は、切り三つ葉……なのですが、希少で値段が高騰。とてもサラダでたっぷり、というわけにいきません。そこで私がよく使うのが春菊。春菊もやわらかい葉先は生で食べられます。

香りのよい春菊と、香りのよいごまを合わせると、本当にすてきなサラダになります。葉っぱだけなのに、食卓の上で存在感があるのです。

春菊のごま塩サラダ〈写真は27ページ〉

1 春菊は1~2束分を使う（束の大きさによって量を調節）。冷水につけてしゃきっとさせ、やわらかい葉先を摘み取って、サラダスピナーで水気をきる。

2 いり白ごま大さじ5ぐらいをフライパンに入れて、弱めの中火ではじけてくるまでからいりする。

3 ボウルに春菊を入れ、半ずりのごまをふりかけ、塩を指先でパラパラとふり、ふんわりと混ぜる。

盛り方もおいしく見せるポイントです。空気を含ませるように、ふんわりと盛ります。

9 サラダはお肉の二〜三倍必要

サラダはどれぐらいの量、作ったらいいでしょう？　私はたっぷり欲しい。人が集まるときは、直径40センチほどの大きなオリーブの木のボウルに、山盛りのサラダを用意するのが常です。

豚でも牛でも鶏でも、何か大きなお肉料理をメインにするなら、サラダはお肉の二〜三倍必要——という感覚です。

頭で「三倍必要」とはかっているわけではなく、「だって、そのぐらい食べちゃうでしょう」という感じ。感覚的にそのぐらい野菜を食べると、つまり**サラダが肉料理の倍以上あると、お肉もおいしい、野菜もおいしい**。バランスがとれるのです。サラダが少なくてお肉ばかりが多いと、逆に物足りなさを感じるはず。サラダが少ないと、食事はリッチにならないです。

お肉に合わせるのは、葉っぱだけのシンプルなサラダ（グリーンサラダ）のことが多いです。数種類の葉っぱを混ぜてもいいし、一種類だけでも。

春先ならクレソンだけのサラダもおいしい。山の家がある信州に行くたびに道の駅へ寄るのですが、春はとれたてのクレソンの束がふわっと山積みになっています。クレソンが自生している春の小川へ、地元の方に連れていってもらったこともあります。

摘んできたばかりの旬のクレソンは、色が濃く、勢いがあって、とにかく元気。香りが高くて苦みは少なく、これがクレソンの本来のおいしさです。山のほうへ遊びに行ったときに道の駅をのぞいてみたり、信州などの産直野菜を扱っている店をチェックして、どうぞよいクレソンに出会ってください。袋にほんの少し入っているスーパーのクレソンとは、まるで別ものですから。

クレソンをたくさん食べたくて、肉を焼く——。順番が逆さまのようですが、メニューを考えるときは、旬の野菜がまず頭に浮かびます。クレソンのサラダに合うのはチキン。鶏のローストで決まりです。

クレソンのサラダ
〈写真は22ページ〉

1 クレソンを洗う。元気がない場合は、冷水にしばらくつけて養生する。サラダスピナーで水気を取り、大ボウルに入れる。

2 オリーブオイル、ビネガー、こしょう、塩少々の順に、目分量で味をつけて、ふわっとあえてバルサミコ酢をふりかけていただく。

10 一色もすてき

サラダの魅力は色を楽しめること。いろいろな色を取り混ぜてもきれいだし、一色だけのサラダというのもシックですてきです。いんげん、絹さや、スナップえんどう、そら豆などマメ科の野菜ばかりを一皿に盛り合わせたサラダは、鮮やかな緑一色。緑の中にも濃淡があって野菜は本当に美しい。ゆでてもいいし、蒸せばよりおいしいです。

　このサラダにはハーブ入りの緑色のドレッシングを合わせて、どこまでもグリーン一色の料理を楽しみます。

豆豆グリーンサラダ〈写真は19ページ〉

1 いんげん、モロッコいんげん、絹さや、スナップえんどうを冷水につけて、しゃきっとするまで養生する。

2 塩を入れた湯で、野菜を順番にゆでる。歯ごたえよくゆでたら角ざるに上げ、風に当てて冷ます。火の通りやすい絹さやは、一瞬冷水にとって余熱を防いでもよい。そら豆は薄皮に入った状態でゆでて、皮をむく。豆のゆで加減はパスタと同じ。アルデンテがおいしい。

3 モロッコいんげんは長さを半分に切り、他の野菜はへたを切り落とすだけの長いままで、器に盛り合わせる。

グリーンドレッシング〈写真は19ページ〉

バジルも美味ですが変色しやすいので注意。パセリとディルは少し前に作っても大丈夫。にんにく$\frac{1}{2}$かけ、オリーブオイル$\frac{1}{2}$カップ、ビネガー大さじ1$\frac{1}{2}$、塩ひとつまみをミキサーに入れる。イタリアンパセリ4～5本とディル4～5本を小さくちぎって加え、こしょうをひく。ミキサーを攪拌してドレッシングを作る。

いんげんのサラダ〈写真は29ページ〉

いんげんのサラダは、緑を濃くしたいのです。パセリの濃い緑を加えることで陰影ができる。味にも陰影ができます。

1 いんげんを養生して、歯ごたえよく塩ゆでで、または蒸す。角バットに上げて、風を当てて冷ます。

2 イタリアンパセリはみじん切りにする。

3 ドレッシングを作る。塩、オリーブオイル、にんにく少々、レモンの搾り汁をミキサーに入れる。酸っぱいのが好きならレモン汁は多めで好みの味に。とろんと乳化するまで攪拌し、パセリを加え混ぜる。

4 〈3〉のボウルに〈1〉のいんげんを入れてあえる。

11 果物は赤唐辛子＋塩でサラダになる

サラダやお料理に果物をよく使います。いろいろな国を旅して、フルーツの食べ方、楽しみ方が広がったところも大きいです。

ずいぶん前にヴェトナムに魅せられて、ひんぱんに通っていた頃。どこの町だったかの果実園で、パイナップルとかマンゴーとかジャックフルーツとか、山盛りの果物が出てきました。そこに塩と唐辛子が混ざった、真っ赤な塩の小皿が添えられていて。向こうの人はそれをフルーツにつけて食べるのです。試してみたら、すごくおいしい。甘いフルーツと唐辛子の相性のよさを知り、すっかりはまってしまいました。

その後、南イタリアのシチリアを旅したときも、シチリアはオレンジやレモンの産地ですが、食堂で出てきたのが、甘いオレンジを塩とオリーブオイルと赤唐辛子であえたサラダでした。それで「あ、なるほどね」と。果物の豊かな南国では東西を問わず、この食べ方をするんだな、って。

オレンジ、レモン、グレープフルーツといった柑橘は、年が明けて寒さが少しやわらぐ頃から初夏にかけてが出盛りです。この時期の柑橘はみずみずしくておいしい。どうぞサラダで楽しんでください。

イタリアでは、オレンジとフェンネルの組み合わせが定番です。日本で、フェンネルの代わりに新玉ねぎを使ってみたら、これもすこぶる相性がいい。とても身近なサラダになりました。国産オレンジは出回らないので、私は国産ネーブルを使用しています。

オレンジと新玉ねぎのサラダ

〈写真は25ページ〉

1 国産ネーブル3個の上下を切り落とし、皮の丸みにナイフを沿わせるようにして皮をむく。白い部分もすべてきれいに取り除き、食べやすい大きさに切る。

2 新玉ねぎは縦半分に切り、水に10分ほどつけて辛みを抜き、水気を取る。食べやすくスライスして、大ボウルに入れる。塩、こしょうを少しふり、オリーブオイルを目分量で回しかける。種を取って小口にきざんだ赤唐辛子（1本ぐらい）を加えてあえる。

3 ネーブルをボウルに加える。切り落とした部分の果汁も搾って加え、全体をあえる。味をみて、足りなければオリーブオイルをたらす。

12 レモンがあれば魚介のサラダが食べられる。柑橘と魚介の組み合わせはおしゃれです

日本で黄色いレモンがとれるのは、冬から春にかけて。この季節になると、瀬戸内海の小さな島の農園から、せっせとレモンを取り寄せることになります。

なにしろ我が家はレモンをよく使うのです。薬漬けになって輸入されたレモンは食べたくないですから、日本の安全でおいしいレモンがとれる間は、レモンを思う存分楽しみたい。

サラダにも、レモンのある間はできだけレモンを使います。**レモン＝ビネガー**と考えればよいのです。ワインビネガーや米酢と同じ扱いです。シンプルなグリーンサラダも、レモンの時期にはレモンの酸味でいただいてみると、いつもよりも軽やかでフレッシュな酸味を味わえます。

大事なことがあります。レモンは皮に、よい香りの成分がたくさんあるのです。安全なレモンを手に入れて、皮ごと使ってください。サラダでもパスタでも肉料理でも、お料理の仕上げにレモンの皮をすりおろすと、ふわりといい香り。魔法をかけたようなおいしさになります。

それからレモンを搾るとき、私は横半分に切ったレモンに両手の3指をぎゅっと入れて、果汁を果肉ごと搾り出すようにします。搾って搾って、レモンの皮だけになったような状態。その後で皮を下に向けてそり返すと、香りの成分がしぶきのように出てきます。よい香りを含んだ皮の油分まで使いきる。私の搾ったレモンは、もうぼろ雑巾みたいにくたくたです。

レモンは季節を追うごとに酸味が減り、甘みが出てきます。使用する量は〝舌ばかり〟、つまりご自分で食べて確かめることも大事です。

さて、レモンがあれば……レモンがあれば魚介のサラダが食べられる！　魚介とレモンはとても合います。レモンがあることで、いかも帆立もあさりも白身魚もサラダにできるのです。レモンが魚介をよりおいしくし、野菜や豆との仲介役となって、サラダとしてまとめてくれるわけです。

私の好きな〝シチリアのサラダ〟（77ページ参照）があります。大きなサラダボウルに蒸したじゃがいもを入れてビネガー、塩、こしょうで下味をつけ、トマト、玉ねぎ、ツナ、ケイパー、イタリアンパセリと合わせます。レモンをぎゅっと搾り入れて、オリーブオイルと塩で味をつければでき上がり。シチリア名産のツナ（まぐろ）と野菜をレモンがまとめてくれます。

ゴールデンウィークの頃にいちばんおいしくなるあさり

も、レモンと好相性。〝季節が同じものどうしは合う〟の法則がここでも証明されます。

イタリアではあさりを豆や芋と合わせます。豆や芋はあさりのうまみを吸ってくれるからです。

豆とあさりのサラダ〈写真は28ページ〉

1 レンズ豆を洗って水から20分ほどゆでる。まだこりっとしているけれど、豆の青くささが取れて、甘みが感じられ、かんだらおいしい——ぐらいのゆで加減がよい。水気をきって大ボウルに入れる。

2 新玉ねぎ（あさり400gに対して1/2個ほど）を縦半分に切り、水に30分ほどつけて辛みを取る。水気を拭き、スライスする。

3 あさりは砂を吐かせて、殻をこすり合わせるようにしてよく洗う。鍋に入れて白ワインをふり、ふたをして酒蒸しにする。

4 あさりの蒸し汁がまだ熱いうちに、〈**1**〉のボウルに加えて、レンズ豆に蒸し汁を吸わせる。オリーブオイルを目分量で加えてあえる。

5 あさりは殻つきのものを少し残して、殻から身を取り出す。レンズ豆の入った大ボウルに入れ、玉ねぎ、ケイパー少々（イタリアでは魚介につきもの）も加えて、オリーブオイルを回しかけてあえる。

6 味見をして、足りなければ塩少々を補う。こしょうをふり、最後にレモンをたっぷり（1個ぐらい）搾る。軽くあえて、器に取り分ける。

あさりのサラダはひよこ豆やいんげん豆、ゆでたじゃがいもで作ってもおいしいです。イタリアンパセリやミニトマトを加えても。このサラダとパンとチーズがあれば、白ワインがいくらでも飲めてしまいそうです。

柑橘と魚介のほかの組み合わせもご紹介しましょう。〝トマトといかのサラダ〟（写真55ページ・作り方67ページ）も、レモンの風味のおかげで、いかとトマトが一つになじみます。ちなみにイタリアでは「いかにはレモン、えびにはオレンジ」。甘みのあるえびには、甘みのあるオレンジが好相性。えびを塩ゆでして殻をむき、大ボウルに入れてオリーブオイルを回しかけます。オレンジは皮をむき、薄皮を適度に取り除きながら2房ぐらいに分け、横半分に切って一口大にします。これと、赤玉ねぎやエシャロットなどの辛みの少ないねぎをスライスしてボウルに加えます。赤唐辛子をちぎり入れ、塩を控えめにふり、イタリアンパセリの粗みじんをふってオリーブオイルを回しかければ〝えびとオレンジのサラダ〟のでき上がり。この料理もとてもおいしく、見た目もオレンジ色できれいです。

鯛のお刺身とトマトを合わせた〝セビチェ〟（写真54ページ・作り方67ページ）には、ライムをたっぷり搾りかけます。こんなふうに魚介を使うときは柑橘がつきもの。みずみずしく、香りもすてきなサラダの立役者です。

ジャムを煮る前に

吸い込まれるような、きれいな赤。ルバーブの魅力は、なんといっても色です。山の家がある信州は、ルバーブの産地でもあります。昔から外国人が多く住んでいたので、それで持ち込まれた野菜のようです。

酸味のあるルバーブはグラニュー糖で甘く煮て、ジャムにしたり、パイの具にするのが一般的。ジャムを作ろうと思ってルバーブを切り、レモン汁と砂糖をまぶしておいて……ちょっとつまんで食べてみたら「あら、生でもおいしい」。

そういう経緯で、真っ赤なルバーブのサラダができました。ルバーブ自体は酸っぱいけれど、レモンの酸味は欠かせません。

赤のグラデーションがきれいだし、同じ季節のものだし、ということでいちごもプラスして。サラダのようなデザートのような甘いサラダです。生で食べるのに飽きたら、残りはそのままジャムを作ればよいのです。

最近は都会のスーパーでもルバーブを見かけるようになりました。グリーンの部分が多いものはかためです。なるべく赤い色のものを選ぶのがいいです。

ルバーブといちごのサラダ

1 ルバーブ4〜5本を長めの斜め薄切りにする。大ボウルに入れて、レモン2個をぎゅっと搾り入れる。グラニュー糖大さじ4をまぶす。

2 いちご大きめ6つぐらいのへたを取り、縦半分に切る。

3 〈1〉のボウルの中に〈2〉を加えてあえる。ルバーブがしゃきっとしているうちに、すぐに食べる。

残ったら、いちごごと鍋に移して中火にかける。汁気が出てきたら火を弱め、浮いてきたアクはスプーンですくって、好みのとろとろ感に煮つめれば、ルバーブといちごのジャムのでき上がり。甘酸っぱくて、もちろんこちらも美味。

ルバーブは茎を食べます。なるべく赤い色のものを選んで。

ルバーブといちごのサラダ

夏から秋にかけてのサラダ

季節のめぐりはよくできていて、汗ばむ頃に収穫される野菜は水分をたっぷり含んだ、体を涼しくする野菜です。夏に旬を迎えるトマト、きゅうり、なすの味わいは格別。寒い季節にはこれらの野菜と疎遠になる私は「待ってました！」とばかりに、夏野菜を楽しみます。毎日きゅうりでいいのです。サラダはそれだけバリエーション豊かな、おいしい野菜の食べ方です。

薄く薄く切ったきゅうりの涼しい食感を味わって

きゅうりと
薬味のサラダ
〈作り方は65ページ〉

皮をむくと、きゅうりの香りがいっそう立つのです

きゅうりと鶏のサラダ
〈作り方は65ページ〉

こりこりした塩もみきゅうりがおいしい

きゅうりと
冷しゃぶのサラダ
〈作り方は64ページ〉

とても好きな組み合わせです。ぜひお試しあれ

きゅうりと
ゴーヤのサラダ
〈作り方は65ページ〉

いちばん好きなトマトの食べ方。ご飯にも合うサラダです

トマトサラダ
玉ねぎドレッシング
〈作り方は66ページ〉

鯛の刺身とトマトのご馳走サラダ。旅をしたペルーでやみつきに

セビチェ
〈作り方は67ページ〉

この組み合わせはヒット。
うちでの愛称は「いかトマト」

トマトといかのサラダ
〈作り方は67ページ〉

厚切りで、おいしいトマトをかみしめる夏の喜び！

うちのカプレーゼ
〈作り方は67ページ〉

スプーンですくって食べる、新しいサラダの提案です

とうもろこしの
ころころサラダ
〈作り方は72ページ〉

とうもろこしが多ければ、これもまたサラダなのです

とうもろこしと玄米のサラダ
〈作り方は69ページ〉

豚肉のロースト
〈作り方は110ページ〉

いろいろ野菜の重ねサラダ
〈作り方は98ページ〉

せん切り野菜を重ねただけで、おしゃれなサラダのでき上がり

サラダが並ぶ、ある夏の日の食卓。パンチの効いた豚肉のローストに、生野菜たっぷりの重ねサラダ。3品めを主食とサラダの中間のような、とうもろこしと玄米のサラダにすれば栄養満点。見た目のバランスもきれいな、豊かな献立です。

ターメリックご飯
〈作り方は70ページ〉

きゅうりとミントの
ヨーグルトサラダ
〈作り方は71ページ〉

炭水化物とサラダを混ぜて食べるのがおいしい

洋風の炊き込みご飯には、みずみずしいサラダがどうしたって欲しくなる。あるとき、同じプレートに盛り合わせたサラダとご飯をフォークで混ぜて食べてみたら、とてもおいしくて、以来やみつきに。

皮のやわらかい日本のなすだからこそ、のおいしさ

なすとモッツァレラの
サラダ

〈作り方は74ページ〉

かたい桃は皮ごとでサラダにすると、すてきな味に

桃と苦みの野菜のサラダ
〈作り方は75ページ〉

13 皮をむくと、またひと味違うから。夏はきゅうりを七変化で食べつくす

汗ばむ季節になれば、きゅうりのサラダです。ウリ科の野菜は体の熱を取ると言われますが、きゅうりは寒い季節には食べたくないのです。第一、本当においしいきゅうりは、気温が上がらないと出回りません。季節外のおいしくないきゅうりは食べないほうがいい、と思うぐらいです。

おいしいきゅうりとは、どんなきゅうりでしょうか。まずは、さわったらかたいものを選ぶ。そして皮をむいてみるとおいしいかどうかがわかります。涼しげな青い香りがします。包丁でスーッと皮を薄くむいたとき、きれいな緑色が出てくれば、おいしい証拠。そういうきゅうりに出会うと、次の日もまた次の日も、同じ店で同じきゅうりを買うことになります。夏は毎日でも、きゅうりを食べたいですから。

手を替え品を替え楽しみたいきゅうりのサラダ、いろいろご紹介しましょう。

塩もみしたきゅうりの、こりこりっとした食感が好きです。薄切りの塩もみきゅうりをたっぷりと、冷しゃぶにのせて。きゅうりを食べるために肉がある、というぐらいがいいのです。

きゅうりと冷しゃぶのサラダ〈写真は50ページ〉

1 きゅうり3本を斜め薄切りにし、ボウルに入れて塩をふってもむ。しばらくおいて、水が出たらさらしで絞る。

2 しそは20枚ぐらいを細切りにし、氷水につけておく。そのほか10枚ぐらいをそのまま使用する。

3 豚しゃぶしゃぶ肉300gを熱湯にさっとくぐらせ、色が変わったらざるに上げて冷ましておく。

4 しその細切りの水気をさらしで絞り、きゅうりと混ぜ合わせる。皿に大きいままのしそを敷き、豚肉をのせて、しそときゅうりをのせる。ゆずこしょうドレッシングをかけていただく。

ゆずこしょうドレッシング〈写真は50ページ〉

ゆずこしょう大さじ1、みそ小さじ山盛り1、太白ごま油大さじ3、千鳥酢大さじ2を混ぜ合わせる。

ゴーヤとの組み合わせもおすすめです。旬のものどうしはやはり合うのです。ゴーヤはごく薄く切って。ちょっぴりの苦みが魅力。

きゅうりとゴーヤのサラダ〈写真は51ページ〉

1 きゅうり1本を縦半分に切って種の部分を取り、ごく薄切りにする。塩でもみ、しばらくおいて、さらしで水気を絞る。

2 ゴーヤ1/2本は縦半分に切り、種とわたを取り除いて、ごく薄く切る。新しょうが1/2かけは皮をむき、薄切りにする。どちらも軽く塩をして軽くもみ、さらしで水気を絞る。

3 きゅうり、ゴーヤ、新しょうがを合わせて、塩、ヌクマム各少々で味をつける。さらにライムを搾ってもいい。

皮をむいたきゅうりは翡翠色が美しく、きゅうりの香りがいっそう立ちます。鶏肉と合わせてごまだれの棒棒鶏風にすれば、サラダといえども立派なご飯のおかずです。

きゅうりと鶏のサラダ〈写真は49ページ〉

1 鶏むね肉2枚に軽く塩をして、皿などにのせ、酒を多めにふる。湯気の立った蒸し器で20分ほど蒸して取り出し、蒸し汁（酒）につけたまま冷ます。

2 きゅうり3本はピーラーで皮をむく。力を入れると厚くむけすぎて、せっかくの緑色までむいてしまうことに。力を入れずに皮だけを薄くむいて、斜め乱切りにする。

3 鶏肉の皮を取り、身を手で大きめに裂き、ごまドレッシングのボウルに入れて味をからめる。これをきゅうりと一緒に器に盛り合わせる。鶏肉の皮も食べるときは、内側の脂肪を包丁でこそげ取り、食べやすく切って加える。

ごまドレッシング〈写真は49ページ〉

白練りごま大さじ4をボウルに入れて、豆板醤少々、千鳥酢大さじ2、しょうゆ小さじ2、ごま油大さじ3、にんにくとしょうがのみじん切り適量と混ぜ合わせる。

初秋になると、小さな秋みょうがが出てきます。これときゅうりを合わせる食べ方も好きです。仕上げにすだちをぎゅっと搾るサラダは、残暑の厳しい頃にひときわさわやかで、食べる清涼剤といった感じ。こうしたサラダとあえものの間のような一品が、我が家の夏の食卓にはしばしば登場します。

きゅうりと薬味のサラダ〈写真は48ページ〉

1 きゅうり、みょうがをスライサーでごく薄く切って、氷水につける。

2 新しょうがは大きな株（親）の横についている、やわらかい小さな株（子）を使う。スライサーで薄く切り、氷水につける。ちなみに新しょうがの親株はぬか漬けにするとおいしい。

3 野菜の水気をきってボウルに入れ、ごま油を回しかけ、塩少々であえる。すだちを搾っていただく。

14 旬のおいしいトマトは厚切りに限ります

一年中あるトマトですが、本当においしい地のトマトは夏にしか食べられません。それも、お盆を過ぎたあたりの露地物のトマト、それはもう別格のおいしさです。

畑でしっかり完熟させたトマトは、香りが強く、真っ赤に熟れてかたくて、持つとずしりと重いです。甘さも酸味もほどよく混ざり合って熟したような、本当に言葉にできない味なのです。

おいしいトマトは厚切りで食べるに限ります。「厚みがある」と、しっかりかみしめて食べることになり、トマト自体のうまみを感じることができます。

まずはシンプルにいただきましょう。厚い輪切りにしたトマトに、玉ねぎドレッシングをたっぷりかけるのは、私のいちばん好きな食べ方。おいしいトマトの、そのおいしさがいちばんわかる食べ方です。

トマトサラダ　玉ねぎドレッシング

〈写真は52ページ〉

1 トマトを厚めの輪切りにして、皿に盛る。

2 青じそをたくさんのせ、玉ねぎドレッシングをたっぷりかけて、最後にしょうゆをたらっとかける。

玉ねぎドレッシング

〈写真は52ページ〉

1 玉ねぎは1/2個でも1個でも。みじん切りにして、しばらく水にさらして辛みを抜き、さらしで水気をしっかり絞る。

2 〈1〉に千鳥酢、太白ごま油、塩、こしょうを加えて混ぜる。

このドレッシングは野菜はもちろん、焼き魚やソテーした肉にかけても美味。洋風にしたいときはワインビネガー1に対して、オリーブオイル2か3の割合で作る（ワインビネガーは米酢よりも酸味があるので）。冷蔵庫で日もちはするけれど、味が変わるので、なるべく早く食べきる。

一般的にカプレーゼは、トマトとモッツァレラの薄切りを交互に並べますが、うちではトマトは超厚切りです。厚切りというか、半分に切るだけ。モッツァレラも1/2個の大きいままをトマトにどんとのせる。フォークで切って、トマトとモッツァレラを一緒に口に入れるのが最高です。

うちのカプレーゼ〈写真は56ページ〉

1 トマトを横半分に切って皿に置き、上にバジルをのせる。
2 モッツァレラを半分に切って、1/2個分をのせる。
3 好みで粒子の粗い塩をふり、オリーブオイルをかけていただく。

トマトは南米がルーツ。南米ペルーの国民食であるセビチェも、おいしいトマトで作るとすばらしくおいしいです。ペルーを旅して以来、すっかりセビチェがうちではおなじみの料理に。簡単ですので、ぜひ作ってみてください。

セビチェ〈写真は54ページ〉

1 鯛の刺身（半身ぐらい）は、厚めの斜めそぎ切りにする。厚めのほうがおいしい。塩をふってボウルに入れ、ライムを刺身が浸るほどにたっぷり（2〜3個）搾っておく。
2 玉ねぎ1個は太めの薄切りにして塩をふり、しばらくおいて洗う。ぎゅっと水気を絞る。
3 トマト2〜3個は大きめの一口大に切る。
4 大ボウルに鯛の刺身をライムの汁ごと入れて、玉ねぎも入れる。にんにく1かけをつぶして加え、赤唐辛子の小口切り適量、オリーブオイルを加えてあえる。トマトと香菜のざく切りを加えて混ぜる。さらにライムを搾りかけ、足りなければ粒子の粗い塩を好みでかけていただく。

トマトは意外に海のものとよく合います。うちで〝いかトマト〟の愛称で呼んでいる、トマトといかのサラダもおすすめです。冷たいワインと合わせたい、しゃれた前菜。いかでなく鯛の刺身で作ることもあります。

トマトといかのサラダ〈写真は55ページ〉

1 いか（白いかやりいか）の脚とわたを抜き、水洗いする。えんぺらを切り離し、胴を1枚に開いた状態でラップに包んで冷凍しておく。こうすると寄生虫対策になり、いつでもすぐにいかの刺身が食べられて便利。
2 この料理には小さめのトマト（フルーツトマトなど）がよい。一口大のくし形に切る。
3 〈1〉のいかを自然解凍し、トマトの大きさに合わせて薄いそぎ切りにする。
4 皿にトマトを並べ、上にいかを1枚ずつのせる。パセリオイルをかけて、レモンを搾っていただく。

パセリオイル〈写真は55ページ〉

イタリアンパセリ3枝ぐらい、オリーブオイル大さじ2ぐらい、塩少々をミキサーにかける。とろりとすればよし。

15 野菜が多ければ、ご飯もサラダ。野菜が多ければ、パスタもサラダ

ご飯やパスタを「おなかにたまる主食」と決めつけないで、野菜をたっぷり混ぜてみましょう。サラダと主食の中間のような、軽やかな料理になります。ダイエットをしたい人にも向くし、第一とてもおいしいのです。

パスタの中でも、にんにく入りのオイルソースは、いろいろな野菜を受け入れてくれるふところの深さがあります。

私がよく作るのは水菜のパスタ。にんにく入りのオイルソース（赤唐辛子を加えても）であえたスパゲッティに、食べやすい長さに切った水菜をさっと混ぜて、水菜が生の状態で食べるのです。しゃきしゃき感が魅力です。スパゲッティよりも水菜のほうが多いぐらいですので、「むしろサラダ？」と思ったりするわけです。

苦みの野菜のトレビスをたっぷり、スパゲッティに混ぜ込むのも好きです。紫色の美しいパスタサラダになります。

トレビスのパスタサラダ〈写真は29ページ〉

1 トレビス1個の葉を1枚ずつにして、冷水につけて養生しておく。

2 サラダスピナーで〈**1**〉の水気をきり、せん切りにする。同じ太さではなく、太かったり、細かったりするせん切りでよい。繊維に対して縦に切っても横に切っても、いろいろ混ざってもよい。そのほうができ上がりに表情が出る。

3 塩を入れたたっぷりの沸騰湯で、スパゲッティ200gをゆではじめる。

4 フライパンにオリーブオイル大さじ3〜4、にんにくのみじん切り2かけ分を入れて、弱火にかけ、にんにくにじっくり火を通す。にんにくが色づいたら、アンチョビ1缶分を加えて、アンチョビを木べらで崩しながらなじませる。

5 ゆだったスパゲッティを〈**4**〉のフライパンに入れてあえ、トレビスの半量を加えてあえる。器に盛って、残りのトレビスをのせ、すぐに食べる。トレビスが少し生っぽくて、しゃりしゃりしているほうが美味。

ライスサラダというものがあるぐらいで、ご飯もサラダになります。

特に玄米は日本人にとっては「ご飯」ですが、欧米では野菜の感覚でいただくことが多いもの。とうもろこし入りの玄米ご飯は我が家の定番ですが、どうして、とうもろこしを混

ぜるようになったかというと、よくかんで食べたい玄米でも、かむのが苦手な人が多いから。とうもろこしと一緒ならば、かまずにいられないでしょう？

　これもまたバランス次第で、とうもろこしが多ければサラダなのです。

とうもろこしと玄米のサラダ

〈写真は58ページ〉

1 玄米を炊く。炊き上がったら大ボウルに移し、玄米が熱いうちにオリーブオイルをところどころにかけて玄米をほぐす。最初に玄米にオイルをふっておくことで、よくほぐれる。

2 とうもろこしは蒸して、長さを4等分ほどに切り、ナイフを実の根元に当てて実を1列ずつ芯から取る。とうもろこしを〈**1**〉に加え、オリーブオイルをところどころにふって、全体をほぐすように混ぜる。

　食卓に粒を感じられる塩を用意して、各人が好みでかけていただく。

トレビスのパスタサラダや、とうもろこしと玄米のサラダのような炭水化物とサラダの中間の料理は、おもてなしのときにもおすすめです。肉や魚のメイン料理、野菜だけのサラダとの3品でバランスがとれ、味わいも見た目もリッチな献立になります。

　59ページの写真は、サラダのある夏の食卓。とうもろこしと玄米のサラダ、いろいろ野菜の重ねサラダ（作り方は98ページ）、豚肉のロースト（作り方は110ページ）の献立です。メニューのご参考に。

16 炭水化物にサラダを混ぜる食べ方、おすすめです！

スパゲッティ（ペペロンチーノでもラグーでもクリーム系でも）と、葉っぱのサラダを混ぜて食べるとおいしいことに、あるとき気がつきました。サラダをのせて食べたくて、簡単なピッツァをフライパンで焼くこともあります。炭水化物とサラダの組み合わせには、特別なおいしさがあるのです。

ご飯とサラダも相性がいいです。

特に洋風の炊き込みご飯を作ったら、みずみずしいサラダと一緒に食べたいでしょう。別々に食卓に出して、別々に食べてももちろんいいですが、炊き込みご飯とサラダをワンプレート風に盛り合わせて、一緒に口に入れるのがおすすめ。また違う味わいを楽しめます。

たとえばターメリック（カレーにも使う黄色いスパイス）をたっぷり入れた炊き込みご飯と、ヨーグルト風味のきゅうりのサラダ。中東風のエスニックなテイストで、無性に食べたくなる組み合わせです。

ターメリックご飯〈写真は60ページ〉

1 鶏もも肉大1枚は一口大に切り、塩、こしょうをふる。あさり400gは砂出しをしてよく洗う。

2 赤パプリカ、黄パプリカ各1/2個、にんじん小1本は粗みじんに切る。玉ねぎ1個、セロリ1本も粗みじんにする。しめじはほぐして食べやすく切る。

3 大鍋に底を覆うぐらいのオリーブオイルをひき、にんにくのみじん切り大さじ2を炒め、鶏肉を炒める。次にしめじ以外の野菜を入れて炒め、しんなりしたらしめじを加える。

4 洗った米3カップ（浸水させない）を入れ、オリーブオイル大さじ3程度を加えて炒める。

5 米に透明感が出てきたら、米と同量のスープ（野菜の皮や種など捨てる部分を水で20分ほど煮出してこした野菜スープ）を加える。

火を止めて、落ち着いた気持ちで味つけをする。ターメリック大さじ2、クミンパウダー大さじ1、パプリカパウダー大さじ1、こしょうをふり、塩小さじ2程度を入れて混ぜ、味をみる。足りなければ塩やスパイスを足す。隠し味にヌクマムを入れてもおいしい。

6 あさりを並べ入れ、ふたをして強火にかける。

7 沸騰したら弱火で15分炊き、最後に火を強めて30〜40秒ほど炊く。こうしてできるおこげがおいしい。

器に盛り、香菜とライムを添える。できたてのあつあつよりも、米が少し乾いたぐらいで食べるのがおいしい。

きゅうりとミントのヨーグルトサラダ

〈写真は60ページ〉

1 きゅうり3〜4本はフォークで縦に切り込み線を入れ、6〜7㎜幅の輪切りにする。ボウルに入れ、塩少々をふっておく。

2 エシャロット小1個は薄い輪切りにする。辛みのある玉ねぎを使うときは、薄切りにしてから水にしばらくつけて、水気を絞る。

3 たっぷりのスペアミントと〈**1**〉〈**2**〉をあえて器に盛り、ヨーグルトドレッシングであえる。

ヨーグルトドレッシング

〈写真は60ページ〉

ヨーグルト（無糖）1/2箱（200㎖ぐらい）をボウルに入れ、にんにくのすりおろし1/2かけ分、オリーブオイル少々、塩少々、ライムまたはレモンの搾り汁1個分を加えて混ぜる。

17 サラダをスプーンで食べてみませんか。〝複雑な味〟というおいしさもある

ふたを開けると湯気の中から、とうもろこしの黄色が浮き上がる瞬間。「きれい」と毎回、心の中でつぶやいてしまいます。とうもろこしを蒸す台所は、夏の幸せの空間です。とうもろこしはとにかく早く、新鮮なうちに火を通すのがいいのです。「朝どり」と書いてあるならば、その日のうちにいただきましょう。

とうもろこしをサラダで食べたい——。そう思って生まれたのが、とうもろこしのころころサラダ。

蒸して実をほぐしたとうもろこしと、いろいろな野菜を同じぐらいの大きさにころころに切って、スプーンで食べるのです。なぜスプーンかといえば、そのほうが食べやすいし、一度に全部が口に入るから。甘いとうもろこし、きゅうりなどのかりっとした食感、ドレッシングの酸っぱさや塩気が一緒になったおいしさ。やみつきになります。

とうもろこしのころころサラダ

〈写真は57ページ〉

1 とうもろこしは蒸して、長さを4等分ほどに切り、ナイフを実の根元に当てて実を1列ずつ芯から取る。

2 きゅうり、セロリ、ラディッシュは5㎜角ぐらいのころころに切る。玉ねぎ少々も同様に切る。

3 大ボウルにほぐしたとうもろこしを入れ、他の野菜も入れる。オリーブオイル、白ワインビネガー、こしょう、塩を目分量で加え、味をみて好みの味に仕上げる。

塩分を控えている人は、オイルとビネガーだけで食べてもよい。

野菜が一種類、二種類のシンプルなサラダがある一方で、いろいろな味や食感が混ざり合った〝複雑なおいしさ〟というのもあります。

〝とうもろこしのころころサラダ〟もそうですが、何種類もの野菜や穀物が一度に口の中に入ると、素材それぞれのうまみや食感が口の中で混ざり合う。かむほどにいろいろなおいしさが現われる、といった感じです。あまり決まり事がない〝サラダ〟という自由な料理だからこそ、の豊かな味わいとも言えます。

クスクスをベースにして、野菜、ナッツ、ドライフルーツをたっぷり混ぜ込んだサラダは、豊穣の秋を思わせるご馳走。甘い、酸っぱい、辛い、スパイシー、ハーブの香り、こ

りこり、さらさら……と、あらゆる食感と味と香りが混沌とした魅力的なサラダです。口の中が楽しくて、ついついワインがすすんでしまいます。

木の実とドライフルーツ入りのクスクスのサラダ〈写真は78、80ページ〉

1 クスクス500gを平鍋やフライパンに入れる。塩少々をふり、好みのスパイスを好みの量（クミンパウダー、コリアンダーパウダーをそれぞれ大さじ1ずつなど）ふって木べらで混ぜる。500mlの熱湯を注ぎ、ふたをして10分ほど蒸らす。

2 〈1〉にオリーブオイルを回しかけ、弱火にかけて、木べらでかき混ぜながらクスクスをほぐす。ぱらぱらになったらオイルを足して、クスクスがさらさらになるように弱火で混ぜる。味をみて、足りなければ塩、こしょうで調味する。

3 アーモンド1袋は130℃のオーブンでから焼きし、包丁で粗くきざむ。ピスタチオ1袋は殻から出して粗くきざむ。

4 赤玉ねぎ1/2個は5mm角に切り、冷水につけて辛みを取り、水気を拭く。パプリカ（赤とオレンジ）各1/4個分を5mm角に切る。

5 〈2〉のクスクスを大ボウルに移し、〈3〉と〈4〉を加える。サルタナレーズン1袋を加え、唐辛子2〜3本を細かく切って入れる。

6 味をみながら、コリアンダー、クミンなどのスパイスを好みで加えて混ぜる。フレッシュのタイム、オレガノなどの好きなハーブも茎からしごいて加える。

7 オリーブオイルを適量加え、味をみて足りなければ塩をふって全体を混ぜ合わせる。バジルとミントをのせて、ライムを搾っていただく。

作り方に材料や分量をいちおう明記していますが、本当は何を入れてもいいのです。ひよこ豆でもきゅうりでも、サラミのようなものでもえびでも。スパイスもハーブもお好きなものをどうぞ。「こんな感じかな」と作りながら、様子を見て、好きなものを入れていく感覚です。自由に作ってください。

18 おなじみの素材をイタリア式に食べてみる

なすは大好きな野菜です。日本のなすは、ヨーロッパのなすに比べて、皮がやわらかくて、とびきりおいしいです。ぜひ、サラダでも食べていただきたいです。

なすをサラダにするには、塩が必要です。ご存じのように、なすにはアクがあります。塩をふり、アクを含んだ水分を出す——これは味わいも大きさもまるで異なるイタリアなすのやり方。あちらではたいてい、なすは塩をして水分を抜いてから焼いたり揚げたりします。アクを抜くためだけでなく、塩をすることで、なすの味わいがよくなることをイタリア人は知っているようです。

日本のおいしいなすをイタリアンにしてみたら……ワインにも合う、すてきなサラダのでき上がり。まずはトマトとモッツァレラの黄金の組み合わせを、なすでお試しください。塩もみしたなすを生で食べます。皮のやわらかい日本のなすでないと味わえないご馳走です。

もう1品、おすすめの食べ方は網焼きです。なすに塩をふってしばらくおき、水分を出してから網で焼くと、日本の網焼きのなすとはまるで違う濃いおいしさに。やみつきになる方が続出です。なすに塩分がついているので、オリーブオイルをかけるだけで食べられます。

なすとモッツァレラのサラダ〈写真62ページ〉

1 なすを大きめの一口大に切る。濃いめの塩水につけ、少ししんなりしたら取り出してぎゅっと絞る。色止めのために塩水にみょうばん少々を加えてもよい。その場合はさっと水で洗ってから絞る。

2 モッツァレラを手で食べやすくさき、なすと一緒にオリーブオイルであえて器に盛り、粒子の粗い塩少々とバジルをふる。

イタリア式焼きなす

1 なすを縦半分に切ってバットに並べ、塩を強めにふり、上にもう1枚バットをのせるなど重しをして、しんなりするまでおく（なすにもよるが1時間ぐらい）。

2 なすの水気を拭き、切り口を下にして、熱した焼き網にのせて焼く。返して皮側も焼き、皿に並べる。オリーブオイルをかけて、ミントをのせる。

イタリア式焼きなす

日本では果物は水菓子と呼んだりもして、もっぱらデザートやおやつに食べるイメージです。ところがイタリアでは、桃やメロンやいちじくに生ハムをのせたり、オレンジとフェンネルの組み合わせがサラダの定番だったり……。果物が、野菜の延長線上にある感じ。イタリア歴が長くなり、私も果物を自由に使うようになりました。

夏にいらした方に、うちの桃のサラダをお出しすると、「桃を皮ごと食べるんですか?」と誰もが不思議そうな顔をします。「おいしいのよ、食べてみて」とすすめると、おそるおそる手をのばして「あら、ほんとにおいしい」。

ちゃんと熟しているけれど、かたい桃を手にしたとき、「このまま食べたらおいしそう」と感じたのが最初だったと思います。さらしのふきんで、皮のケバをやさしくこすって洗い、皮ごと食べやすく切って口に入れてみました。

皮のはじけるような歯ごたえが、すごくおいしい。皮と実の間にじゅわっとうまみが凝縮されているようです。それに皮ごとのスライスした桃は、表と内側の薄桃色のグラデーションがとてもきれい。皮つきの桃の魅力を知りました。

熟しているけれどかたい桃は、皮つきでサラダにするのもおすすめです。桃と、ネクタリンやワッサー（桃とネクタリンの交配種）を組み合わせてもいいです。野菜は苦みのあるものが合います。また、桃には黒こしょうとバルサミコ酢が必須。とても相性がよいです。

桃と苦みの野菜のサラダ 〈写真は63ページ〉

1 熟しているけれどかたい桃なら、皮ごと食べる。ぬらしたさらしのふきんで皮のケバをやさしく落とす。やわらかい桃なら皮をむく。

2 桃の種に向かってナイフを入れ、皮部分が2cm幅ぐらいの半月形になるように放射状に切っていく。レモン汁をたっぷり搾る。

3 クレソン、セルバチコ（ルッコラの原種）は冷水につけてしゃきっとさせ、サラダスピナーで水気をきる。合わせてボウルに入れ、オリーブオイル、黒こしょう、塩少々であえる。

4 〈3〉を皿に敷き、〈2〉の桃をのせる。バルサミコ酢を回しかける。

〈コラム〉夏の愉しみ

人はその土地でとれるものでサラダを作る

きゅうりの
サラダ ハロン湾スタイル

5月や6月の少し気温が高い日には、南国で出会った野菜の料理が恋しくなります。ヴェトナム北部の景勝地ハロン湾を訪れたとき、食堂で食べたきゅうりのサラダには、フレッシュなハーブがたくさん入っていました。ミントにバジルにディルに香菜……申しわけ程度の量ではなく、本当にたっぷりです。

ものすごくいい香りで、赤唐辛子も入っているので少しピリッとするきゅうりを、蒸し暑い空気の中でポリポリかじる……。鮮烈な味の記憶です。以来、うちでもよく作るようになりました。

きゅうりにミントやバジルを合わせる、というのは、やはり現地へ行かないとわからない組み合わせです。きゅうりが地面に植わっていて、そのへんにミントやディルも生えている。唐辛子もある。それであえたのかな、と。ヴェトナムの他の地方で、このサラダに出会ったことがなく、だからハロン湾の、もしかしたらその食堂のオリジナルだったのかもしれません。

自分のまわりでとれるものでサラダを作る——。それがいちばんフレッシュでおいしい。サラダ作りの原点なのだと思います。

きゅうりのサラダ ハロン湾スタイル

1 きゅうりは大きめの斜め乱切りにする。

2 すり鉢などに、にんにく小1かけ、赤唐辛子1本を入れてつぶれるまでたたき、ヌクマムを加えて混ぜる。ミント、バジル、ディル、香菜（それぞれ枝つきでよい）ひとつかみずつを入れて軽くたたいて香りを立てる。

3 きゅうりを加え、よく混ぜ合わせる。

風土とサラダの関係は面白いです。私が好きでよく作るシチリアのサラダは、火を通したじゃがいもと生のトマトを合わせます。ちょっと不思議な取り合わせのようですが、じゃがいももトマトも、ツナ（まぐろ）もレモンも、要するにその土地でとれるも

のばかり。その土地でとれるものどうしは、不思議と合うのです。ちなみにサラダに入れるケイパーも、シチリアあたりではあちらこちらに自生しています。
　材料を大きなボウルに入れてあえるだけの簡単なサラダですが、これがなんだかおいしくて、日本の我が家でもしばしば作っています。ボリュームたっぷりなので、人が集まるときにも向きます。

シチリアのサラダ

1 じゃがいも4〜5個はやわらかく蒸す。皮をむいて大ボウルに入れ、フォークで粗くつぶす。温かいうちにビネガー、塩、こしょうをふる。じゃがいもは冷めると味がからみにくいので、必ず温かいうちに下味をつけておくこと。

2 紫玉ねぎ大1/2個はスライスして水にしばらくさらし、水気をきって〈**1**〉のボウルに入れる。

4 トマト2個は食べやすく切ってボウルに入れる。

5 野菜を入れた大ボウルに、油をきったツナ缶（ソリッド）2缶、粗みじんにしたイタリアンパセリ5〜6本、ケイパー大さじ3ぐらいを加え、レモン2個を搾り入れる。オリーブオイルをたっぷり回しかけ、塩少々をふり、全体をよくあえる。

たっぷり搾るレモンが、全体の味をまとめてくれます。

木の実と
ドライフルーツ入りの
クスクスのサラダ

〈作り方は73ページ〉

秋から冬にかけてのサラダ

さあ、実りの秋の到来。木の実も果物もサラダで食べるとおいしいこと、ご存じでしたか？　ほうれん草、白菜、かぶなど、冬にみずみずしさを増す野菜も私は生でぱりっと食べるのが好き。それからマヨネーズ！　自家製マヨネーズの新鮮なおいしさをぜひ知っていただきたいです。シンプルなポテトサラダも「我が家のスペシャリテ」と誇れる味です。

ざくろのサラダ
〈作り方は92ページ〉

酸、甘、辛、そして香り。いろいろなものが混じり合う複雑な味もおいしい

木の実とドライフルーツ入りのクスクスのサラダ

〈作り方は73ページ〉

お皿に絵を描くように盛りつけるとおしゃれ

秋の果物とチーズのサラダ
〈作り方は99ページ〉

やわらかい葉を生で。みずみずしくていくらでも食べられます

白菜の葉とごまのサラダ
〈作り方は102ページ〉

同じ季節のものどうし、さくっとした食感どうしが合うのです

白菜の軸とりんごのサラダ
〈作り方は101ページ〉

生で食べるとこりっとした食感。カレーの香りがよく合います

カリフラワーのサラダ
〈作り方は１０２ページ〉

葉先を生で。あつあつのドレッシングで食べましょう

ほうれん草の
ベーコンドレッシング

〈作り方は103ページ〉

1株、ぺろりと食べられてしまいます

ブロッコリーの
マスタードサラダ
〈作り方は100ページ〉

イタリアでじゃがいものサラダといえばこれ。定番の組み合わせです

じゃがいもと
ケイパーのサラダ
〈作り方は105ページ〉

ポテトサラダはシンプル主義。玉ねぎときゅうりだけがうれしい

うちのポテトサラダ
〈作り方は104ページ〉

〝うちのポテトサラダ〟のマヨネーズバージョン。
もちろんこれもおいしい！
マヨネーズはオリーブオイルで作ってください。
味わいが違います

自家製マヨネーズのポテトサラダ

〈作り方は107ページ〉

細いせん切りにしただけで、おもてなしにも向く美しい一皿のでき上がり

せん切り野菜のサラダ
〈作り方は97ページ〉

サラダの上でざくろをたたく

ルビーのような透明な赤い粒が美しいざくろ。ご存じでしょうか、半分に切ったざくろを木べらでたたくと、粒がパラパラと面白いように散って出てくるのです。私はこれをサラダに使います。

グリーンの葉っぱや、薄切りにしたセロリなどのサラダの上で、仕上げにざくろをとんとんとたたく。赤い実が飛び散って、光るサラダのでき上がり。「わあ、きれい」と歓声が上がるパフォーマンスも、味のうちです。

色彩と甘酸っぱさのざくろのトッピングは、エキゾチックで魅力的。ただし、周辺にも果汁が飛ぶので場所を選んでお試しください。

ざくろのサラダ

1 エンダイブなどのサラダ野菜を冷水につけて養生し、水気をきる。セロリを薄切りにする。

2 〈1〉を大ボウルに入れて、オリーブオイル、ビネガー、こしょう、塩を目分量でふってあえる（あえかたは12ページのグリーンサラダを参照）。

3 〈2〉を皿にふんわりと盛る。横半分に切ったざくろをへらでたたいて、粒を全体に散らす。

まるで絵画のような、ロマンチックなサラダです。

りんご好きのサラダ

りんごがおいしい10月頃から年末までは、りんごのサラダを大いに楽しみます。香ばしいくるみとりんごの相性のよさは、お菓子などでもご存じのとおり。この組み合わせでサラダを作ってもおいしいです。

朝ごはんにもりんごのサラダを。朝が苦手な私はサラダを前の晩に準備します。クレソンやレタスをステンレスのボウルセット（109ページ参照）に入れて冷蔵庫へ。目下お気に入りのレモンはちみつドレッシングも、別のボウルに作っておきます。

こうしておけば、朝はりんごを切って、野菜とドレッシングとあえるだけ。りんごのサラダの甘みと酸味とみずみずしさで、体と頭を覚醒させて一日が始まるのです。

りんごとくるみのサラダ

冬の朝ごはんのりんごサラダ

1 クレソン、ルッコラ、レタスなどの葉野菜を冷水につけて養生する。
2 ボウルにレモンはちみつドレッシングを作っておく。
3 りんごはひとり分で1個を使う。芯を取り、皮つきのまま、一口大にころころに切る。
4 〈2〉のボウルに〈1〉の野菜と〈3〉のりんごを入れてあえる。

レモンはちみつドレッシング

レモンの搾り汁1、はちみつ1、オリーブオイル2の割合。そこに塩、こしょうをお好みで加えて混ぜる。

りんごとくるみのサラダ

1 くるみひとつかみは120〜130℃のオーブンで、かりかりにローストする。
2 りんご1個は皮つきのまま、四つ割りにして芯を取り、斜め薄切りにする。レモン汁1個分を搾りかけておく。
3 セロリ1本は茎を3㎝長さの短冊に切る。香りのよい葉も使う。ごく細いせん切りにして冷水につけ、しゃきっとしたらペーパータオルで水気を取る。
4 ボウルに〈2〉とセロリの茎を入れて、オリーブオイル適量を回しかける。フレッシュなタイム1〜2本を枝からしごいて加え、くるみを加えて、塩、こしょうをふってあえる。セロリの葉をのせる。

しいたけと苦みの野菜のサラダ

しいたけは肉と同じぐらい強いのです

空気が澄んで空が高くなってくると、きのこが食べたくなります。中でも、しいたけには特別うまみがあると思います。

水分を多く含んでいて傷みやすいので、買ってきたらパッケージに穴をあけて空気に触れさせる。どんなときでも私はこれをします。しいたけを焼くにしろ、炒めるにしろ、触ってみてちょっと乾いているぐらいで調理したほうがおいしいです。

焼いたしいたけは、肉にも負けないうまみの素材。網焼きしたしいたけを春菊の葉先と合わせて塩をふり、すだちを搾れば、和風のサラダのでき上がり。

洋風のサラダで食べるなら、オリーブオイルでソテーして。オイルときのこの相性のよさはとびきりです。オリーブオイルをたっぷり吸ったしいたけは、これもまた肉にも負けないグラマラスな味わい。ただし本当にオイルをたくさん吸うので、良質なオイルで作るに限ります。

しいたけと苦みの野菜のサラダ

1 ルッコラ、クレソンは冷水につけて養生し、サラダスピナーで水気をきる。食べやすくちぎりながら大ボウルに入れて、オリーブオイル、ビネガー少々の塩、こしょうであえる。

2 しいたけの石づきを切り落とし、かさに切り込みを入れて軸ごと食べやすい大きさに裂く。軸には強いうまみがあるので、つけたままで調理する。

3 フライパンを熱して、底面をおおうぐらいのオリーブオイルをひき、たたきつぶしたにんにくを入れ、しいたけを並べ入れる。弱めの中火にかけて、途中でオイルを足しながら、揚げるようなつもりで、あまり触らずにじゅくじゅくと火を通す。

4 フライパンの底が乾いてきたらオイルを足して、すっかり火が通り、しいたけに焼き色がついたら、軽めに塩、こしょうをふる。

5 皿に〈**1**〉の野菜を半量程度敷き、ソテーしたしいたけをのせる。残りの野菜をふわりと盛りつける。しいたけをのせると葉っぱが沈んでしまうので、後でのせる野菜も残しておくこと。

6 仕上げにバルサミコ酢を回しかけ、粒子の粗い塩（グランドのフルール・ド・セルなど）を散らす。

19 サラダは見た目です。目を愉しませることがいちばん大事

サラダは見た目です。見た目がいいと、それだけで食べたくなる。きれいで、目を愉しませてくれるのが、サラダのいちばんの役目といってもいいかもしれません。

「目を愉しませる」と書きました。ちょっと話がそれるようですが、これは私の中にずっとしみついている言葉です。

はるか昔に読んだ本に、そんなタイトルがついていたのです。「楽しむ」ではなく「愉しむ」という漢字が使われている、そのことが気になりました。「愉しむ」って、どこか人の心の内側からの視線があるように思いませんか？　「わあ、楽しい」っていうのではなく、じんわりと感動して喜びを感じるような。

風景にしろ、建築にしろ、美しいものを見て、目を愉しませて生きたい。もしかしたら私の望みはそれだけかもしれない、と思うぐらいです。

日常生活でも目を愉しませたい。掃除がいきとどいたきれいな部屋や、ベランダの生き生きとした草花は、目を愉しませ、心を癒して静かな喜びを与えてくれます。

もちろん料理も、日々の暮らしの中で目を愉しませてくれる最たるもの。野菜ひとつとっても、美しいのですから。

その美しい野菜で作るのだから、サラダは何げなく美しく盛りたい。味も見た目に左右されます。野菜のフレッシュな感じが失われているだけで、もう、アウト。だから〝養生〟が大事なのです。

葉っぱがふわっとして、**見るからにおいしそうなサラダは、葉っぱを少しずつ、ふわっと空気を含ませるようにふわっと器に盛りつけています。ふわっと盛りつけるには、野菜がピンピンしていることが大前提。**葉がしんなりしていたら、いくらふわっと盛りつけようとしても、葉と葉の間に空気を入れることはできないです。だから〝養生〟なのです。大事なことは何度でも言います。

さて、目の愉しみ。きゅうりの緑、にんじんの黄色、紫キャベツの紫、長ねぎや大根の白、ビーツの赤……。色とりどりの野菜をすべて細いせん切りにして、お皿に盛り合わせるサラダを、おもてなしのときに作ります。生の野菜をせん切りにしただけなのに、「わぁ！」と歓声の上がる、目に愉しいサラダです。また、せん切り野菜は食べやすいのも利点です。

厚みのある野菜はスライサーで薄切りにしてから、せん切りにするときれいです。せん切りには刃がまっすぐな薄刃包丁を使うと、野菜の端から端まできっちり切ることができます。

盛りつけは、野菜を一種類ずつに分けてもきれいだし、全部を混ぜ合わせるとそれはそれで美しい。ドレッシング次第で、和にも洋にもなる便利なサラダです。

せん切り野菜のサラダ〈写真は90ページ〉

1 野菜はすべて10㎝ほどの長さのせん切りにする。

にんじんは黄色などの変わり種も、このサラダにぴったり。皮をむき、スライサーでごく薄く切ってから、重ねてせん切りにする。氷水につけてしゃきっとさせ、サラダスピナーで水気をきる。

2 ビーツは皮をむいてスライサーでごく薄切りにし、重ねてせん切りにして氷水につけておく。にんじんとビーツはかたいので、できるだけ薄く細いせん切りがいい。ほかの野菜はあまり細すぎると、野菜の味がしなくなるので、ほどほどのせん切りにする。

3 きゅうりは斜め薄切りにしてからせん切りに。ねぎは白髪ねぎにする。それぞれ氷水につける。紫キャベツもせん切りにして氷水につける。

4 野菜の水気をよく取り、皿にこんもりと盛りつけ、ゆずごまドレッシングを添える。野菜を一種類ずつ盛り合わせたときは、各人で好きな野菜を取り分けて、ドレッシングをかけてあえて食べる。お好みのドレッシングでよい。

ゆずごまドレッシング〈写真は90ページ〉

ゆずの搾り汁1、だし汁1、しょうゆ1、白練りごま1、太白ごま油1/2の割合で混ぜ合わせる。

20 重ねる。並べる。ランダムに盛る。盛りかた次第で、サラダは光ります

せん切りにした野菜を盛り合わせるだけで、美しいサラダができるように、野菜の切りかたや盛りかたを工夫するだけで、サラダはすてきに輝きます。

たとえば同じせん切りでも、野菜を一種類ずつ重ねてみる。赤や黄色のパプリカ、紫キャベツ、赤玉ねぎといったカラフルな野菜をせん切りにして、一段ずつ重ねていきます。お皿の上に野菜の層を作るわけです。この〝いろいろ野菜の重ねサラダ〟は、とてもきれいで食卓が華やぎます。

野菜を一種類ずつ並べる盛りつけもおすすめです。33ページでご紹介した〝季節のはざまのサラダ〟（写真は18ページ）がそれです。マメ科の野菜ばかりを一皿に盛り合わせた〝豆豆グリーンサラダ〟（40ページ、写真は19ページ）もこの盛りかたで、一種類ずつまとめてお皿の上に並べるだけで、野菜のかわいらしさが引き立ちます。

逆にランダムに盛るのもおしゃれです。秋になると、私は季節の果物でサラダの前菜を作ります。〝秋の果物とチーズのサラダ〟です。りんごや柿をせん切りにして、食べやすくさいたいちじく、ローストしたくるみ、チーズ、セルフィーユなどのハーブを使い、お皿の上に絵を描くように彩りよく盛りつけます。

果物や野菜は色や造形が美しい。その美しさが引き立つように、一つ一つお皿に盛っていくのは楽しい作業です。もちろん、食卓の上でもサラダが〝絵〟になってくれます。重ねたり、並べたり、ランダムに盛ってみたり。どうぞ、サラダをもっと自由に盛りつけてください。

せん切り野菜をお皿の上に重ねていくだけで、新鮮な美しさになります。

いろいろ野菜の重ねサラダ

〈写真は59ページ〉

1 パプリカ、紫キャベツ、赤玉ねぎは、せん切りにする。赤玉ねぎの辛みが気になるときは、水にさらして水気を拭く。

2 皿に食べやすくちぎったロメインレタスを敷き、パプリカ、紫キャベツ、赤玉ねぎ、スプラウトの順に重ねる。

3 甘みのあるドレッシングを添える。サラダを取り分けて、ドレッシングであえていただく。

甘みのあるドレッシング〈写真は59ページ〉

オリーブオイル3、白ワインビネガー1の割合。塩ふたつまみ、こしょう、メープルシロップを好みの量加えて攪拌する。

うちで人気のドレッシング。特に甘酸っぱい味が合う豚肉料理のとき、サラダのドレッシングはこれにすることが多い。

果物のせん切りって、あまりしないのでは？　たとえばりんごを皮つきのまま、せん切りにしてみましょう。赤い皮と内側のクリーム色との対比が、とても美しいのです。この美しさは野菜ではなかなか味わえないです。せん切りにすると、かたい皮も気にならず、おいしく食べられるので一石二鳥。

柿や梨も皮をむいてせん切りにすると、しゃきしゃきとした歯ごたえでおいしいです。

そして何よりうれしいのは、**果物をせん切りにするとサラダになる**こと。ほかの素材やオイルがからみやすく、食べやすくて、せん切りにした果物はサラダの材料にうってつけなのです。

秋の果物をせん切りにしたり、食べやすく切って、くるみやチーズと一緒にランダムに盛り合わせたサラダは、とびきりおしゃれ。ワインをあけて、大人の女子会ではいかが？　目でも舌でもサラダを味わいながら、気のおけない人たちとおしゃべりする時間はかけがえのないものです。

秋の果物とチーズのサラダ〈写真は81ページ〉

1 柿は皮をむき、せん切りにする。

2 りんごは皮ごとかつらむきし、せん切りにして、レモン汁をたっぷりまぶす。

3 いちじくはナイフで切り目を入れて、食べやすい大きさに手でさく。

4 〈1〉〜〈3〉の果物を絵を描くように皿に並べていく。からし菜や赤軸水菜など、生で食べられる葉ものを間にはさんでいくと形を作りやすい。

5 薄く切ったフェタチーズ、ローストしたくるみをところどころに散らす。

6 オリーブオイルを回しかけ、こしょうをひく。上にセルフィーユを飾る。バルサミコ酢をかけても美味。

チーズの塩気があるので塩は入れない。足りなければあとで粒子の粗い塩を好みでふる。

21 一種類もすてき

野菜は食べるまで生きています。だからなるべく早く、新鮮なうちに食べきりたいのです。旬の野菜を買ってきても、袋に入ったまま冷蔵庫に何日も入れておけば鮮度がどんどん失われてしまう。野菜が蓄えたせっかくのおいしさや栄養が損なわれてしまいます。

野菜を一度で使いきる料理はいくらでもあって、サラダでもそれができます。ブロッコリーならブロッコリーだけのサラダというのも、シンプルですてきです。一種類なら、（ほかの野菜や材料に気兼ねなく）その野菜の持ち味を生かした調理法や味つけができます。

冬においしくなるブロッコリーは、蒸して食べるのがいちばんです。塩をふっただけでも、自家製マヨネーズ（作り方は106ページ）をつけてかじるのもおいしいけれど、私が好きなのはマスタードドレッシングあえです。

ちなみにマスタードは鮮度が命。ふたを開けて時間がたったものは味が落ちています。おいしいサラダを作るには、新しい瓶を開けるのがおすすめ。そして新鮮なうちに使いきるようにしたいもの。なので、うちではいつも小瓶をストックしています。マスタードの産地リヨンを旅した時に、作りたてのマスタードの味を知りました。

ブロッコリーのマスタードサラダ

〈写真は86ページ〉

1 ブロッコリーは茎を2㎝ほどつけた状態で、茎を切り落とす。小房に分け、茎の皮をナイフではがす。切り落とした茎はかたい皮をはがすようにむき、食べやすく切る。

2 蒸し器で蒸す。ゆでてもよい。ある程度、歯ごたえが残ったほうがおいしい。

3 ブロッコリーをボウルに入れて、マスタードドレッシングでしっかりあえる。上からかけるのではなく、花蕾の中にも味がちゃんとからまるようにするのがよい。

マスタードドレッシング

〈写真は86ページ〉

粒マスタード1、ワインビネガー1、オリーブオイル2の割合で混ぜて、塩、こしょうを加える。好みでおろしにんにくを加える。

22 白菜、カリフラワー、ほうれん草。生で食べてみてください

冬のみずみずしい白菜を生で食べるのが好きです。もちろん、くたくたに煮た白菜もおいしいですが、生のフレッシュさとほのかな甘みは、一度食べるとくせになります。

白菜は軸の部分と葉とで、食感がまるで違います。ですから、サラダにするときは一緒に使わず、別々の料理に仕立てます。

いずれにしても、白菜も「まずは養生」です。軸の部分をV字にカットして、軸も葉も冷水につけてぱりっとさせましょう。

どちらか一方だけを使う場合は、私は養生して水気をきった白菜を、ざるを重ねたボウルに入れて、ステンレスのプレートでふたをして冷蔵庫に入れておきます（109ページ参照）。こうしておくと、使うときに切るだけで、すぐに料理ができて便利です。


白菜の軸はこりこりっとした歯ごたえが魅力。かりっ、こりっとした食感のりんごと相性抜群です。これもまた〝季節が同じものどうしは合う〟の法則です。

白菜の軸とりんごのサラダ〈写真は83ページ〉

1 りんご1個は縦半分に切って芯を取る。縦に4等分に切り、皮つきのまま5〜6㎜厚さに切る。大ボウルに入れて、レモン1個を搾っておく。

2 白菜の軸3枚ほどを使う。冷水につけてしゃきっとさせておいた白菜の水気を拭き、長さを半分に切る。繊維にそって5〜6㎜幅の細切りにする。

3 りんごの入った大ボウルに〈**2**〉の白菜を入れて、オリーブオイルを目分量で回しかける。おろしにんにく1/2かけ分、こしょう少々を加えてあえる。最後に粒子の粗い塩をふる。

白菜の葉はもしゃもしゃとして、生で食べてもとてもやわらか。淡いクリーム色のグラデーションもきれいです。

昔から好きでよく作っているのが、白菜をごまであえる簡単なサラダです。これはぜひ、おいしい白ごまを使ってください。

白菜の葉とごまのサラダ〈写真は82ページ〉

1 白菜のやわらかい葉先を4〜5枚使う。冷水につけておいた白菜をサラダスピナーにかけて水きりする。一口大にちぎる。

2 いり白ごま大さじ3〜4はフライパンや鍋に入れて、弱めの中火で、はじけてくるまでからいりする。こうしてから使うと香りがまるで違う。

3 すり鉢に〈2〉のごまを入れ、半ずりにする。ごまがしっとりするぐらいしょうゆを加え、好みで米酢をたらし、玉締めごま油大さじ2を加えて混ぜる。

4 〈3〉に白菜の葉を入れてあえる。味をみて、最後に玉締めごま油を適量加え、風味よく仕上げる。

暖房のきいた暖かい部屋の中で、冬野菜を生で食べるのは、さっぱりとして本当においしいです。冬は空気が乾いているから、よけいに体が生の野菜のフレッシュさを求めている気もします。

カリフラワーも冬が旬の野菜です。これも私は生で食べるのが好き。「カリフラワーを生で?」と驚かれそうですが、先入観を取り除いて、一度食べてみてください。

お料理は脈々と伝えられてきた基本を守ることも大事ですが、新しさへ踏み出す冒険がないとつまらない。試してみて、食べてみて、自分が好きなら、また作ればいいし、好きでなければ、ほかのことを考えればいいのです。

特に**サラダには、楽しみや発見や驚きの要素も必要だと思います**。

生で食べるカリフラワーは、切り方にコツがありますのでご紹介しましょう。

ドレッシングはなんでもお好みで。ビネガーと塩とこしょうとオイルの普通のドレッシングでも、アンチョビドレッシングでも、ごまドレッシングでも。カレー味もカリフラワーととても合います。しゃれた前菜になります。

カリフラワーのサラダ〈写真は84ページ〉

1 カリフラワーはかたく締まったものを使い、小房に分け、冷水につけて養生する。水を充分に吸って、かりっとした歯ごたえになったカリフラワーを生で食べるのがおいしい。

2 水気を拭いて、小房を薄く切り分ける。このとき、包丁で切ると花蕾がポロポロと崩れてしまう。なので次の方法で。

小房の茎に包丁で切り込みを入れて、両手の指でぱきっとさく。こうすると茎は切れるけれど、花蕾は崩れずに残って、形もかわいらしい。

3 〈2〉のカリフラワーを大ボウルに入れて、レモン汁をかける。カレー粉、クローブ（パウダー）、クローブ（ホール）、こしょう、ワインビネガー、塩を好みで加え、オリーブオイル大さじ2〜3を回しかけてあえる。あればカレーリーフを添える。

ほうれん草も生で食べられます。やわらかい葉先を摘み取って、ベーコンの熱いドレッシングをかける食べ方が、私はいちばん好きです。

サラダほうれん草という名前で売られている、水耕栽培のやわらかいほうれん草が一年中あります。確かにくせはないけれど……あまり味がない。サラダにも、冬に甘みを増す普通のほうれん草を使ってください。

ほうれん草のベーコンドレッシング

〈写真は85ページ〉

1 ほうれん草の根元に十字に切り目を入れて、冷水につけて養生する。

2 ピンとしたら、サラダスピナーで水気をきり、やわらかい葉先を摘み取って器に盛る。残ったかたい葉や茎のほうは炒め物などにして食べる。

3 にんにく1かけの芯芽を取りのぞき、半分に切ってたたく。パンチェッタ、またはおいしいベーコン50gほどを細く切る。

4 フライパンにオリーブオイル大さじ1をひき、にんにくとパンチェッタまたはベーコンを入れて、強くない火加減でじっくり炒める。脂が出てパンチェッタやベーコンがかりかりになるまで炒めたら、ビネガー適量（大さじ1〜2）を加える。こしょうをひく。

5 ほうれん草に、あつあつのドレッシングをかける。食べてみて足りなかったら粒子の粗い塩やオリーブオイルをふる。

フライパンの中のドレッシングには塩を入れず、パンチェッタなどの塩分だけにします。また、このサラダにはレモンの酸味ではパンチが弱いのです。ワインビネガーを使って、しっかりめに酸味をきかせたほうが美味。

23 ポテトサラダはシンプル主義で

じゃがいものサラダは、じゃがいも自体がおいしければ、あれこれ加えずにシンプルに食べたいのです。

まずは、じゃがいもですよね。最近はたくさんの種類が出回っていて、そのときどきで手に入る品種も違います。買って食べてみて、自分の好きなおいもを見つけるといいと思います。

私自身がよく使うのは、ほっくりとしたキタアカリ、インカのめざめ、とうやなど。キタアカリよりも味が少し薄い男爵も、それはそれでおいしいものです。うちではメークインはあまり使う機会がありません。

じゃがいもは皮ごと蒸すのがいちばん。ゆでると皮がはじけて、そこから水分が入ったりします。火の通りを確かめるために、串で刺していると、そこからも水分が入って崩れてしまうことも。だから蒸すのがおすすめです。

蒸すときは強火ではなく、**静かに湯気が立つやさしい火加減で、ゆっくり静かに蒸すほうが、じゃがいもの甘みが出ます**。早く火を通そうと思うほど、おいしくなくなるのです（電子レンジはその最たるもの）。

蒸したら熱いうちに皮をむき、軽く塩をふって、ビネガー（レモンでも）をふりかけておきます。**じゃがいもは熱いうちに、必ず下味をつけておくこと**。冷めてしまうと、なかなか味が入らないです。下味さえつけておけば、あとからどんなサラダにしてもおいしくできるし、そのまま食べてもおいしいのです。

また、**じゃがいもを包丁で切らない**のもポイント。皮をむいたら、フォークなどで割って、自然にまかせて大きめの一口大にします。その状態で下味をつける。包丁で切らないほうが切り口がざくざくとして、味がしみやすいです。

うちのポテトサラダをご紹介しましょう。具は玉ねぎときゅうりだけ。作ってみるとわかりますが、ハムとか卵とかにんじんとか、具がいろいろ入らないほうが、じゃがいもの甘さやほっくり感がよくわかります。

うちのポテトサラダ〈写真は88ページ〉

1 じゃがいもを蒸して、ペティナイフで皮をむき、食べやすくフォークで割る。熱いうちに塩とビネガーをふって下味をつける。

2 玉ねぎはやや厚めにスライスして、塩水にしばらくさらし、食べてみて辛みがやわらいでいたら、さらしで水気を絞る。

きゅうりは5㎜幅に切り、塩少々をふって少ししんなりさせ、水気を絞る。野菜は少し厚みがあったほうが、歯ごたえが感じられておいしい。

3 〈**1**〉のじゃがいも、玉ねぎ、きゅうりをボウルに合わせて、オリーブオイルを目分量で回しかけ、レモン（またはビネガー）を搾って好みの酸味をつける。こしょうをふる。

イタリアでポピュラーなのは、じゃがいもとケイパーのサラダ。これもシンプルで、ケイパーの酸味と塩気がじゃがいもの甘みを引き立ててくれる、絶妙の組み合わせです。日本でもよく作るサラダです。

じゃがいもとケイパーのサラダ

〈写真は87ページ〉

1 じゃがいもは蒸して、ペティナイフを使って皮をむき、食べやすくフォークで割る。熱いうちに塩とビネガーをふって下味をつけ、ボウルに入れる。

2 ケイパーは塩漬けか、酢漬けを使う。塩漬けの場合は、水にさらして好みの加減に塩気を抜いて使う。〈**1**〉のじゃがいものボウルにケイパーを入れ、オリーブオイルを回しかける。

3 味をみて、足りなければ粒子の細かい塩をふる。

味のアクセントとして、イタリアンパセリのみじん切り（好きなハーブやスパイスでよい。にんにくのすりおろし少々でも）を加えてもよいです。好みでレモンの皮をすりおろし、さらにレモン汁を搾りかけてもおいしいもの。そのあたりは、その日の気分でどうぞ。

24 マヨネーズを作りましょう

自分でマヨネーズを作ると、きっと驚くと思います。「こんなにオイルが入るの？」って。だからこそ、作っていただきたいのです。安心でおいしいオイルを使って。

私はマヨネーズをミキサーで作ります。泡立て器で作る方もいると思いますが、ミキサーなら2分くらいでできるのです。それこそ、サラダを食べる直前にちょちょいと作れて、フレッシュなマヨネーズが味わえます。

マヨネーズ 〈写真は89ページ〉

1 ミキサーに全卵1個を割り入れる。

2 ワインビネガー大さじ1〜1 1/2、塩小さじ1/2〜2/3、こしょうを好みで加えて撹拌する。

3 ミキサーを回しながら、オリーブオイルを少しずつ加えていく。ミキサーが回りにくくなるまで。

4 スイッチを止めて上下を混ぜ、再び撹拌して、全体が混ざり合えばでき上がり。

分量は目安です。卵1個に対して、だいたいオイルが1カップ入ります。オイルが少なめなら、ゆるめのマヨネーズになります。オリーブオイルは冷蔵庫に入れるとかたまる性質

全卵をミキサーに入れ、ビネガー、塩、こしょうを加えます。

撹拌して混ぜ合わせます。

ミキサーのスイッチを入れて、撹拌しながら、上からオイルを少しずつ加えます。

とろんとしてきて、ミキサーが回らなくなれば、オイルを入れるのをやめます。へらなどで混ぜて、もう一度ミキサーで撹拌。マヨネーズのでき上がりです。

があるので、オイルをたくさん使いたくないという方は、ゆるめのマヨネーズを冷蔵庫に入れてかためるのも手です。

オイルはオリーブオイルではなくても、お好きなオイルを使ってください。ただし良質なものであること。大豆、ひまわり、ごま、米、グレープシードといった単一材料で作られたオイルを選ぶのがいいです。ごま油なら、くせのない太白ごま油がおすすめです。ビネガーも、やわらかい酸味がお好みなら米酢、りんご酢などでも。

マヨネーズはハンドミキサーでも作れます。その場合は卵とビネガーの温度がそろっていることが大事。冷蔵庫から出したての卵と、常温のオイルを合わせると、分離してしまうこともあります。

その点、ミキサーなら失敗なし。ミキサーは容器内部の底にあるカッターが回転して、泡立て器で混ぜるのと同じように空気を含みながら卵が細かく泡立ち、ビネガーやオイルと混ざり合います。少しずつオイルをたらしながら、ミキサーを回すのがコツです。卵が冷たくても問題がありません。

マヨネーズを作って、ぜひ味わっていただきたいのが、マヨネーズ味のポテトサラダです。１０４ページで紹介した〝うちのポテトサラダ〟のマヨネーズバージョン。これはこれで、うれしくなるおいしさです。

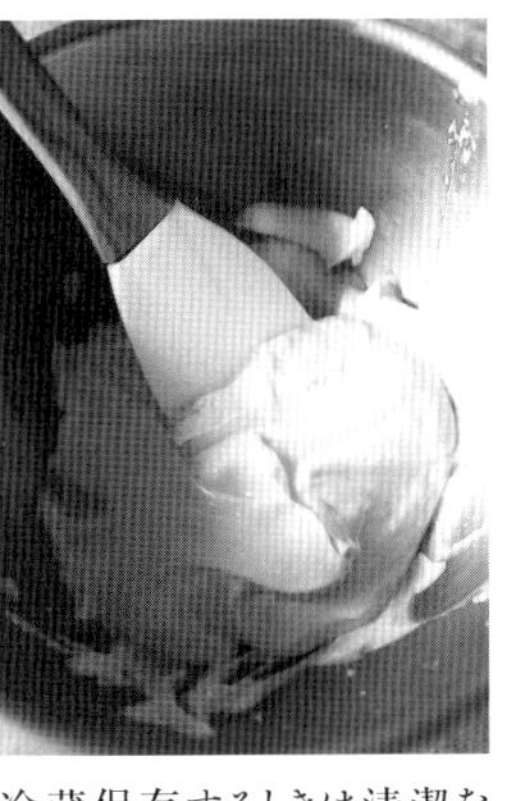
冷蔵保存するときは清潔な瓶に入れて。

自家製マヨネーズのポテトサラダ

〈写真は89ページ〉

1 じゃがいもを蒸して、ペティナイフを使って皮をむき、食べやすくフォークで割る。熱いうちに塩とビネガーをふって下味をつける。

2 玉ねぎはやや厚めにスライスして、塩をふって軽くもみ、冷水で洗い、しっかり水気を絞る。

きゅうりは5㎜幅に切り、塩少々をふって少ししんなりさせ、水気を絞る。野菜は少し厚みがあったほうが、歯ごたえが感じられておいしい。

3 〈**1**〉のじゃがいも、玉ねぎ、きゅうりをボウルに合わせて、自家製マヨネーズを加えてあえる。

25 塩も重要。調味料もよいものを選びます

エクストラバージンオリーブオイル

よいオイルを使えば、サラダの味が変わります。生のオリーブの実を搾って作るオリーブオイルは、油というよりもフレッシュなジュースです。私が長年愛用しているのは、イタリア・マルフーガ社のオリーブオイル。ポリフェノール値がすばらしく高いといわれる、ウンブリア州特産のモライオーロという品種で作られています。モライオーロ種を70%以上使用したオイル（写真右）は、生でドレッシングに使うほか、きのこを炒めたり、パスタなどに広く利用。モライオーロ種１００%のもの（左）は、もっぱら生で食べます。そのまま味をみると、スパイシーでぴりっとしますが、野菜や肉や魚介がとびきりおいしくなる最高品質のオリーブオイルです。

ごま油

ドレッシングを和風、中華風、エスニック風にしたいときは、ごま油を使うことも多いです。愛用しているのは、球状の御影石で圧搾する、昔ながらの製法の玉締めごま油。上品な香りとうまみでくせがなく、サラダ作りに向いています。

米酢

日本で古くから作られている、混じりけなしの米酢。京都・村山造酢の千鳥酢はまろやかな酸味で、ほんのり甘みのある上品な味わい。ドレッシングやマヨネーズをマイルドな酸味にしたいときはこちらを利用します。酸っぱいのが苦手な人にもおすすめです。

こしょう

こしょうの香りは、サラダの大事なアクセント。ぜひ、新鮮な粒こしょうをミルでひいて使ってください。私は黒こしょうが好きで、たっぷり使います。

メープルシロップ

料理に甘みが欲しいとき、メープルシロップを使っています。メープルシロップはサトウカエデの樹液を煮つめて造る、１００%ピュアな食品。すっきりとした甘さで、しょうゆやみそとも相性よし。私はカナダ・ビックボア社のメープルシロップをドレッシングにも使います。液体なので溶けやすいのも魅力。

白ワインビネガー

ぶどうから造られる白ワインビネガーは、きりっとした酸味が特徴。私は酸っぱいのが好きなので、サラダには白ワインビネガーを使うことが多いです。特に銘柄にこだわりはなく、スーパーマーケットで手に入りやすいフランス・マイユ社の白ワインビネガーです。

レモン

レモンも酸味と香りの調味料。国産の安全なものを使ってください。

塩

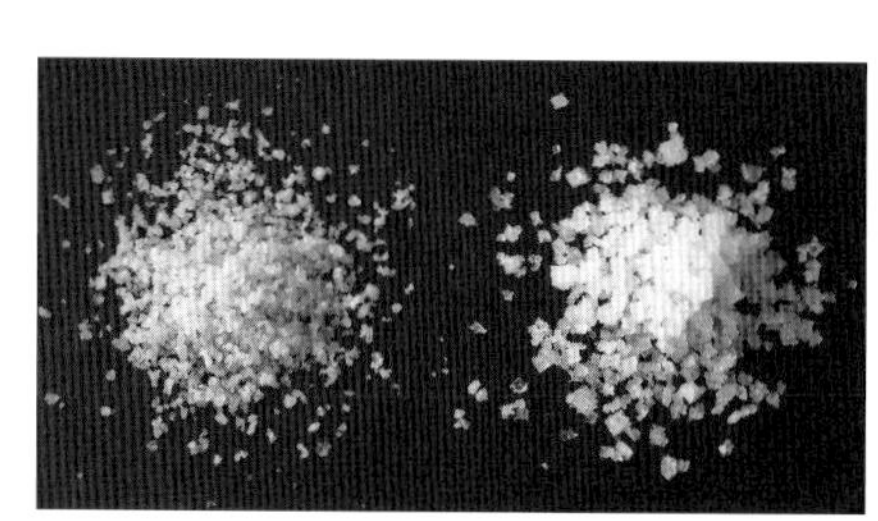

塩はとても大事。塩を変えただけでも、サラダのおいしさが違ってくるはずです。フランス・ブルターニュ半島のゲランドや、ノワールムティエの塩を、粒子の細かさによって使い分けています。ドレッシングに入れたり、料理のベースに使用するのは、溶けやすい粒子の細かい顆粒状の塩（左）。サラダの仕上げに卓上でふりかけるようなときは、かりっとした歯ごたえが感じられるのもおいしさのうちなので、粒の結晶が残るもの（フルール・ド・セル／右）を。

26 サラダ作りに必要な道具があります

大ボウル

直径29・3cm、高さ11・8cmの大きなボウルです。1人分のサラダを作るときも、この大ボウルで野菜をあえます。「1人分のサラダでも、いちばん大きなボウルを使ってください」と私はよく言います。野菜にドレッシングをまとわせるときは、空気を含ませるようにふんわりとあえたいのです。だからボウルの底から、野菜をふわっと返すことのできる、ボウルの大きさが必要です。ちなみに下段で紹介するサラダハンドを使う場合は、直径22・4cm、高さ10・3cmの中ボウルでも、上手にあえることができます。

ボウル、ざる、プレート

サラダはいちばん最後に作りますから、おもてなしのときなどは養生した野菜をこのセットに入れて、冷蔵庫に入れています。すべてステンレスでできた道具は冷えやすく、この中に入れておくと野菜がさらにピンピンになるから驚きです。すぐに野菜を使わないときも、養生した野菜をこれで保存すると、1週間ぐらいは元気なままです。ちなみにこのボウル、ざる、ふたにもなるプレートは、メーカーと共同開発しているラバーゼの製品です。大ボウルのセットのほか、中ボウル、小ボウルのセットがあり、ハーブ類は小ボウルのセットで保存すると便利です。

サラダスピナー

回転させて野菜の水気をきる道具。野菜に水気がついていると、サラダがふわっとならないし、ドレッシングもからみにくいです。サラダスピナーについては、特にメーカー等にこだわりはありませんが、中ぐらいのサイズをおすすめします。たっぷりの野菜も少量ずつ水気をきったほうが、結局はスピーディだということがわかりました。

サラダハンド

野菜をドレッシングであえるときは、手がよい道具となります。でも、せっかく冷やした野菜に手の温かさが伝わること、手が汚れることに抵抗がある方も少なくないはず。それで、手で混ぜるよりも上手に混ぜられるサラダ用のミキシングハンドを作りました。長年おつきあいのある新潟のメーカーさんと試作に試作を重ねた、本当に使いやすい道具です。この〝サラダハンド〟を使うと、何度も混ぜなくても、不思議とドレッシングが野菜の一枚一枚にしっかりからんでくれます。理想的な混ぜ方ができる「魔法の手」です。野菜がつぶれることなくふわっと仕上がり、手の温かさで野菜がしんなりすることもありません。熱いベーコンのドレッシングであえたり、冷たい刺身を入れるサラダにも向きます。

マルフーガ社のオリーブオイル、ゲランドの塩はShop 281（https://www.arimotoyoko.com/shop 281）で取り扱っています。
ラバーゼの道具、サラダハンドはShop 281と、ラバーゼ（https://labase.jp）にお問い合わせください。

肉料理

ポルケッタ〈写真は11ページ〉

イタリアのローストポーク〝ポルケッタ〟を、日本で手に入りやすい豚バラ肉のかたまりで作ります。

1 バラ肉のかたまりの厚みを包丁で切り開き、細長くする。切り開いた内側と外側にローズマリー、タイムなどのきざんだハーブ、にんにくのすりおろし、粗塩をしっかりすり込んで、脂身が外側になるように巻き、たこ糸で縛る。

2 〈1〉にオリーブオイルを回しかけて、熱くした鉄のフライパンに入れ、表面を焼きつける。

3 〈2〉を210℃のオーブンに入れて焼く。途中で肉を転がして向きを変え、小玉ねぎ、赤玉ねぎなどの野菜もフライパンに並べてオイルをかけて焼く。肉の表面がかりっとするまで、トータルで1時間ほど焼く。

4 肉を輪切りにして器に盛り、野菜を添える。

鶏のロースト〈写真は22ページ〉

1 鶏は1羽で調理するのがよい（あらかじめお肉屋さんに頼んでおけば購入できる）。粗塩を全体にしっかりこすりつけて、大きなボウルにざるをかませた中に入れ、冷蔵庫に一晩入れておく。こうすると、余分な水分がボウルに落ちる。

2 翌日、水で洗い、水気をしっかり拭き取る。ローズマリー2〜3枝を鶏にまぶしつけ、オリーブオイルをたっぷりめにかけて、マッサージをし、200〜220℃のオーブンで40〜50分、こんがりするまで焼く。

3 オーブンから出したらしばらくおき、冷ましてから切り分ける。ある程度冷めたほうが味がなじんでおいしい。

ゆとりがあれば、食べる日の前夜に鶏を焼き、カバーをしないで冷蔵庫にもう一晩入れておく。食べる直前に250〜280℃の熱いオーブンに入れて、表面をぱりっとさせる。こうすると皮がぱりぱりになって美味。

鶏つくねの大葉巻き〈写真は26ページ〉

生きのいい大葉が出回る、初夏から夏におすすめのおかずです。

1 鶏もも肉2枚をフードプロセッサーでひき、ボウルに入れ、卵1個、長ねぎとしょうがのみじん切り各大さじ1、片栗粉大さじ1、塩少々を加えてよく混ぜる。

2 〈1〉のたねを直径5cmぐらいの平らな円形にまとめる。

3 〈2〉の両面に大葉を1枚ずつつけて、手でしっかり押さえる。

4 〈3〉の両面に片栗粉をうっすらとまぶし、箸で押さえながら低い温度の油に入れる。大葉がはがれないように最初は箸で押さえながら、こんがりとしてくるまでゆっくり揚げる。器に盛り、からしじょうゆでいただく。

豚肉のロースト〈写真は59ページ〉

厚みのある肉をシンプルに焼くだけですが、こういう料理こそ美味。持ち手まで鉄でできたフライパンなら、そのままオーブンへ。フライパンで焼きつけた肉を、天板に移してオーブンで焼いてもいいです。

1 豚肉は肩ロースでも、あれば骨つきのバラ肉でもお好みの部位で。小さめでも厚みがあったほうが肉はおいしい。かたまり肉なら2cmほどの厚さに切り、必要ならば筋切りをして、塩、こしょう、多めのおろしにんにくをまぶしつける。

2 鉄のフライパンを熱してオイルをひき、豚肉を入れて両面を焼きつける。

3 フライパンごと、220℃に予熱したオーブンに入れて20分ほど焼く。

索引

※料理名の下にある数字は、上が写真ページ、下が作り方ページです。

有元葉子（ありもと・ようこ）

料理研究家。料理の基本を大切にしながら、自由な発想と抜群のセンスのよさで、おいしく美しくヘルシーな料理を提案、多くのファンを持つ。キッチン道具の人気シリーズ「ラバーゼ」のプロデュースを長年務めるなど、使う側からの視点で〝もの作り〟にも取り組んでいる。『はじめが肝心 有元葉子の「下ごしらえ」』『りんご、レモン、いちご、栗のお菓子と料理』（共に文化出版局）など100冊以上の著書を持つ。

デザイン
木村裕治
後藤洋介（木村デザイン事務所）

撮影
三木麻奈

校閲
山脇節子

編集
白江亜古
浅井香織（文化出版局）

テーブルクロス協力
アクセル ジャパン
電話〇三-三三八二-一七六〇

光るサラダ
サラダ上手になるための26のヒント

二〇二〇年 三月一六日 第一刷発行
二〇二〇年一二月二一日 第二刷発行

著者 有元葉子
発行者 濱田勝宏
発行所 学校法人文化学園 文化出版局
〒一五一-八五二四 東京都渋谷区代々木三-二二-一
電話〇三-三二九九-二五六五（編集）
〇三-三二九九-二五四〇（営業）

印刷所 凸版印刷株式会社
製本所 大口製本印刷株式会社

文化出版局のホームページ
http://books.bunka.ac.jp/